永远的老子

雷航 译释

国家图书馆出版社

图书在版编目（CIP）数据

永远的老子 / 雷航译释 . —— 北京：国家图书馆出版社，2022.6（2023.6 重印）

ISBN 978-7-5013-6722-1

Ⅰ.①永… Ⅱ.①雷… Ⅲ.①道家 ②《道德经》—译文 Ⅳ.① B223.14

中国版本图书馆 CIP 数据核字（2019）第 051930 号

书　　名	永远的老子
著　　者	雷　航 译释
责任编辑	于春媚

出版发行　国家图书馆出版社（北京市西城区文津街 7 号　100034）
　　　　　（原书目文献出版社　北京图书馆出版社）
　　　　　010-66114536　63802249　nlcpress@nlc.cn（邮购）
网　　址　http://www.nlcpress.com
印　　装　北京科信印刷有限公司
版次印次　2022 年 6 月第 1 版　2023 年 6 月第 2 次印刷

开　　本　880×1230（毫米）　1/32
印　　张　6
字　　数　105 千字
书　　号　ISBN 978-7-5013-6722-1
定　　价　38.00 元

老子像

洛阳老君山老子铜像

前　言

老子，是我国古代伟大的思想家、中国哲学之父，也是世界级文化名人。他的主要著作《老子》，又名《道德经》，是中国传统文化中首屈一指的经典著作。《老子》一书，短短五千言，内容却博大精深，数千年来盛传不衰，历久弥新。

老子，姓李，一说姓老，名耳，字聃。第一位为老子作传的是汉代史学家司马迁，他在《史记·老子列传》中记载：老子是春秋末期楚国苦县（今河南鹿邑东）厉乡曲仁里人，大约生于公元前571年，曾担任东周守藏室之史（管理藏书的史官）。孔子曾前往周都向老子问礼。后见周朝衰落，老子便辞官隐居。相传他西行至函谷关时，关令尹喜恳请他著书传世，于是有了这五千余言、传诵古今的《老子》。

《老子》一书集中体现了老子的哲学思想，系统阐述了他的宇宙观、政治观和认识论。这部不朽的著作，充满了对于宇宙和人类思考的大智慧。全书共八十一章，内容涉及自然、社会、人生等各个方面，探讨了宇宙生成、自然规律、国家治理、身心修养等一系列重要问题，提出了"道""自然""无为"等著名的哲学概念。

我从1993年开始关注和学习《老子》。并于2006年开始在博客上以《永远的老子》为名发表《老子》今译。现在的这部《永远的老子》就是在此基础上修订而成。这是专门为中国普通的读者、为百姓大众学习而编写的，目的就是深入浅出、最大限度地忠实于老子本义，简洁明了、易读易懂，以便最大范围地普及《老子》。这就是编写出版此书的初衷。

本书原文最初是以通行本（王弼注本）为底本的校定本。在《老子》众多的传世本中，以王弼本和河上公本影响最大。王弼本文笔晓畅，多为学者文人所依凭。河上公本的文句简洁、古朴，为道家所尊崇和民间大众所喜用。本书在王弼本的基础上，参照了河上公本、马王堆帛书甲乙本、郭店简本、北大汉简本、钱锺书先生勘定本、陈鼓应先生最新校订本及其他有价值的版本，进行了逐字逐句、逐个标点的认真慎重的校订。对错字、误传、脱字、衍文进行了反复的推敲和甄别。通过认真校对，最终的校订本我自认为是可信的。仅举几例：本书原文开篇的"道，可道，非恒道。名，可名，非恒名"中用的是"恒"字，与帛书甲、乙本相同，而大多数现存版本中都是用的"常"字。正如学界所知，说明那些版本都出现在汉代以后，是为避讳汉文帝刘恒的名字之故。而"去常守恒"才是祖本的原貌。应该正本清源，恢复其原貌。又如，第19章前两句，不少版本都是"绝智弃辩，民利百倍。绝伪弃诈，民复孝慈"。这里用的是"绝圣弃智，民利百倍。绝仁弃义，民复孝慈"，与通行本一致。再比如第20章，很多版本都将"乘乘兮若无所归"中的"乘乘兮"错写成了"儽儽兮"或"累累兮"，这就把老子本来"潇洒的、落落不群"的样子，变成了"疲惫的、无精打采"的样子了。类似的字、词、句甚至段落都有异文，因篇幅所限，不再详述。另外，这个校注本原文字数为5318字。也最接近5400余字的通行本和5300字左右的北大汉简本。

对于翻译来说，无论是中外文之间的翻译还是用现代汉语对古文的翻译，严复的"信、达、雅"都是应该遵循的标准。对于《老子》的译文，首先应正确理解老子本义，务求把作者的话读通、读懂，并力求在译文中准确表达，最大限度地忠实于原文。要真正用现代汉语来注释《老子》，而不是文白夹杂。尽量用浅显明白的语言，给读者明确的概念和结论。要真正做到信、达、雅，并将这三者融为一体，融于一书，就非下一番实实在在的功夫不可。本书的翻译参阅了大量资料，如任继愈先生的《老子绎读》、陈鼓应先生的《老子今注今译》、王中江解读的"中华传统文化百部经典"版《老子》等，博采众长，取其精华，力求做到忠实于原文又明白易懂，易为广大读者所接受。让读者看到《老子》并不像很多人想象的那样，仅仅是一部深奥难懂、玄之又玄的哲学著作，而是深刻、玄妙又非常实际、甚至实用的作品。老子用五千言能说得明白，译文也应力求简洁精炼。有时解释得越多越细，越容易走样。

历史上对老子的研究甚多，引起的争论也不少。一部中国老学史，体现了一代又一代学者研究老子其人其文的丰硕成果。但《老子》成书时代久远，各种传世本不尽相同，《老子》文本又具有言短意深的独特表达，因此，研究者往往由于个人的立场、观点、学识、修养的不同，只能从不同的侧面和角度对《老子》进行评注，形成学术界的争论。在老子面前，我们都是小学生，唯一正确的态度就是不断地虚心学习，刻苦钻研。就像当代的诗歌还很难超越唐诗的成就一样，今人的智慧也还很难完全替代老子的哲思。两千多年来，对《老子》的解读还有不少需要纠正的偏差，对老子的评价还有不够客观公正的地方。我个人认为对于一般读者来说，适当了解一些历史上老子研究的成果是必要的，但不必过多地介入这些争论，否则容易喧宾夺主。弄不好还会被带到云里雾里，反而淡化了对老子思想的理解。所以在本书后附的论文中，我只想把老子大道的精华、学界科学的共识总结和归纳出来，与读者朋友们分享。

本书还附有"源自《老子》的成语"供参考。

雷　航

2006年6月初稿

2017年8月修订

2019年1月定稿

目录

第一章　众妙之门

道，可道，非恒道。

名，可名，非恒名。

无，名天地之始；

有，名万物之母。

故恒无，欲以观其妙；

恒有，欲以观其徼（jiào）。

此两者同出而异名，同谓之玄。

玄之又玄，众妙之门。

道，可以说道的，就不是真正的永恒的道。

名，可以命名的，也不是真实的永恒的名。

无，是指天地的原始；

有，是指万物的本源。

所以常在无中，是为了观察天地的奥妙；

常在有中，是为了观照万物的端倪概貌。

这两者同出一源而名不相同，都是很玄妙的。

玄而又玄，是探究一切奥妙的大门。

第二章　天下皆知

天下皆知美之为美，斯恶已；

皆知善之为善，斯不善已。

故，有无相生，难易相成，长短相形，高下相倾，音声相和，前后相随。

是以圣人处无为之事，行不言之教。

万物作焉而不辞，生而不有，为而不恃（shì），功成而弗居。

夫惟弗居，是以不去。

天下都知美之所以为美，丑的观念也就产生了；

都知道良善为善时，不善的观念也就产生了。

所以，有和无是相互生成的，难和易是相辅相成的，长与短是形象相比较而言，高与低依位置相比较而定，音和声互相协调而和谐，前和后相随而有序。

所以圣人以自然无为来处事，以潜移默化的方式来教导人。

万事万物顺其自然而各得其所，生养了万物而不去占有，做出了成绩而不自恃，功成名就而不居功自傲。

而惟有不居功，所以功不可没。

第三章　圣人之治

不尚贤，使民不争。

不贵难得之货，使民不为盗。

不见（xiàn）可欲，使民心不乱。

是以圣人之治，虚其心，实其腹，弱其志，强其骨。

恒使民无知无欲，使夫智者不敢为也。

为无为，则无不治。

不推崇贤能，老百姓就不会去争名夺利。

不看重珍贵稀有的财物，人们就不会去偷去抢。

不炫耀那些诱人的东西，老百姓也就不会被诱惑。

所以圣人治理天下的方法，就是使百姓心胸开阔，生活安定，内心充实，心志柔韧顽强，身体强健有力。

经常让老百姓保持自然纯朴，没有贪心和妄念，使那些有心计的人也不敢轻举妄动、轻率而为。

这样顺应自然而治，天下就没有治理不好的了。

第四章　万物之宗

道冲而用之或不盈。

渊兮似万物之宗。

挫其锐，解其纷，和其光，同其尘。

湛（zhàn）兮似或存。

吾不知谁之子，象帝之先。

道，充满乾坤，至虚至无而作用无穷，又像海纳百川而不盈满。

深邃浩瀚啊，就像世间万物的宗主。

它不显露锋芒，解脱了世间的纷扰，与光相和，与尘同在。

清澈透明似无物啊，似乎又存在。

我不知它是从哪里来的，像是出现在天地之先，是主宰万物的天帝的宗祖。

第五章　天地之间

天地不仁，以万物为刍狗；

圣人不仁，以百姓为刍狗。

天地之间，其犹橐龠（tuó yuè）乎？

虚而不屈，动而愈出。

多言数（sù）穷，不如守中。

天地无私，无所偏爱，任凭万物自然生长，无贵贱之分；

圣人没有私心，对百姓也都一视同仁，无亲疏之别。

天地之间，不就像一个巨大的风箱吗？

虽然中间是空的，但作用永无穷尽，而越是鼓动风箱，风就越大。

如果说得太多，容易理屈词穷，不如虚静守中。

第六章　谷神不死

谷神不死，是谓玄牝（pìn）。

玄牝之门，是谓天地之根。

绵绵若存，用之不勤。

太虚神虚怀若谷，变幻如神，没有穷尽，这就是玄妙伟大的母性。

母性之门，就是所谓的天地万物之根。

它绵绵不绝，永存于世，用之不竭。

第七章　天长地久

天长地久。

天地所以能长且久者，以其不自生，故能长生。

是以圣人后其身而身先，外其身而身存。

非以其无私邪（yé）？故能成其私。

天长地久。

天地之所以能长久，是因为它不为自己而生，所以能够长久生存。

所以圣人处处谦让，反而能够得到大家的拥戴，把自己生命置之度外，自身反而得以保存。

这不就是因为他无私吗？正因为无私，反而成全了自己。

第八章　上善若水

上善若水，水善利万物而不争，

处众人之所恶（wù），故几（jī）于道。

居善地，心善渊，与善仁，言善信，

正善治，事善能，动善时。

夫惟不争，故无尤。

高尚的人就像水一样，水善于滋润万物而不与其相争，

常处于人们都不喜欢的低下之处，所以最近于道。

　　他们善于选择居处，住在安稳的地方；心境善于保持水一样的渊深宁静；与人相处仁爱亲和，讲话善守信用；

　　为政则治理有方；做事则善于发挥所长；一旦行动，则善于把握时机，顺应时势，无往而不胜。

　　就是因为像水一样不争不抢，不计较，所以没有过失。

第九章　功遂身退

持而盈之，不如其已。

揣（zhuī）而锐之，不可长保。

金玉满堂，莫之能守。

富贵而骄，自遗其咎。

功遂身退，天之道。

所持守的太多了，不如适可而止。

锤炼得太尖锐了，不能常保锋利。

如果金银珠宝堆满了屋子，很难世代相守。

富贵而又骄傲，就给自己留下了祸殃。

功成名就之时，要知进退，才符合天道。

第十章　明白四达

载（zài）营魄抱一，能无离乎？

专气致柔，能如婴儿乎？

涤除玄览，能无疵乎？

爱民治国，能无知乎？

天门开阖，能为雌乎？

明白四达，能无为乎？

生之畜之，生而不有，为而不恃，长（zhǎng）而不宰，是谓玄德。

你能保持魂魄的统一，让它永不偏离吗？

你能专心致志将精气调和得十分柔顺，就像初生的婴儿一样吗？

你能洗净身上的尘垢，让心地像一尘不染的明镜吗？

你能爱护百姓治理国家，而又保持一种无知的感觉吗？

天门能开能合，你能上下自如，守静示弱吗？

你能大彻大悟，明白通达而又不用心计，不要权术吗？

生养抚育了万物又不去占有它，为世间建功立业又不居功自傲，统领了万物而又不随意主宰、横加干涉，这就是最高的德。

第十一章　无之为用

三十辐共一毂（gǔ），当其无，有车之用。

埏埴（shān zhí）以为器，当其无，有器之用。

凿户牖（yǒu）以为室，当其无，有室之用。

故有之以为利，无之以为用。

车轮的三十根辐条共同连接在一个车毂上，车毂的中间是空的，才可以当车用。

用粘土加水和成泥，做成器皿，中间是空的，才可以当器皿用。

建造房屋，挖出窗户门洞，做成屋子，中间是空的，才可以当屋子用。

所以"有"的实体使万物有形有效，给人以便利，"无"的空间使之可以发挥作用。

第十二章　五色目盲

五色令人目盲；五音令人耳聋；五味令人口爽；

驰骋畋（tián）猎，令人心发狂；

难得之货，令人行妨（fáng）。

是以圣人为腹不为目，故去彼取此。

五颜六色令人眼花缭乱看不清东西，五音嘈杂令人耳朵听不清声音，山珍海味会令人口味尽失；

纵马狩猎，会令人心意狂荡；

珍稀之物，容易让人图谋不轨。

所以圣人只求内心的安定，而不贪图声色的享受，这样才能抵制外在物欲的诱惑而保持本性的安定纯朴。

第十三章　宠辱不惊

宠辱若惊，贵大患若身。

何谓宠辱若惊？

宠为上，辱为下，得之若惊，失之若惊，是谓宠辱若惊。

何谓贵大患若身？

吾所以有大患者，为吾有身；及吾无身，吾有何患？

故贵以身为（wèi）天下，若可寄天下；

爱以身为天下，若可托天下。

得宠或受辱就心慌意乱，看重大的祸患就像自己会受到伤害一样。

什么叫宠辱若惊？

因为宠是给你的荣耀，辱是卑下的，得宠就惊喜，失宠就惊惶，这就叫宠辱若惊。

什么叫贵大患若身？

我之所以总想着有大患，是因为我怕自己受到伤害；

如果我把生死荣辱都置之度外，那还有什么可担忧的呢？

所以，把天下看得像自己的生命一样宝贵，方可寄托天下于他；

爱天下像爱自身一样，才可以向他托付天下。

第十四章　混而为一

视之不见名曰夷；

听之不闻名曰希；

搏之不得名曰微。

此三者，不可致诘（jié），故混而为一。

其上不皦（jiǎo），其下不昧，绳绳（mín mín）不可名，复归于无物。

是谓无状之状，无物之象，是谓惚恍。

迎之不见其首，随之不见其后。

执古之道，以御今之有。

能知古始，是谓道纪。

看它看不见叫作"夷"，即无色；

听它听不到叫作"希"，即无声；

摸它摸不着叫作"微"，即无形。

这三者，无法深究穷源，所以就笼统地混在一起称为"一"。

它的上面不明亮，下面不昏暗，渺渺茫茫，连绵不断，不可名状，又回到虚无一物的状态。

　　这就是无形无状的状态，无象无形的情景，也就是所谓的恍惚。

　　迎着它看不见它的头，跟随它看不到它的尾。

　　如果能把握远古的大道，就可以支配驾驭当今的事物。

　　能够知道宇宙的起源，这就叫掌握了道的原则。

第十五章　微妙玄通

古之善为道者，微妙玄通，深不可识。

夫惟不可识，故强为之容：

豫兮若冬涉川；

犹兮若畏四邻；

俨兮其若客；

涣兮若冰之将释；

敦兮其若朴；

旷兮其若谷；

混兮其若浊。

孰能浊以静之徐清？

孰能安以久动之徐生？

保此道者不欲盈。

夫惟不盈，故能敝不新成。

　　古代那些善于行道的人，观察事物深刻细致，胸藏玄机精妙通达，深不可测，难以了解。

　　也正是因为他们的内心难以认识，所以只能勉强来形容：

他们举止小心翼翼的样子啊，如履冰川；

言谈谨慎啊，就像怕得罪了街坊四邻；

仪态庄严啊，好似出门做客；

表情潇洒啊，有如春风化雨，冰雪消融；

性情敦厚啊，就像未经雕琢的原木一样质朴无华；

心胸豁达啊，就像空旷的山谷一样；

气量宏大啊，就像混沌的江河一样无所不容。

谁能使浑浊的流水安静下来，让其慢慢变得清澈？

谁能使沉闷变得活跃，使之慢慢变得有生气？

只有那些懂得道的人才能做到，因为他们不贪多求满。

正是由于他们不贪多，不自满，所以能够胸怀坦荡，乐得其所，不去追求那些标新立异的虚荣。

第十六章 知常曰明

致虚极，守静笃。

万物并作，吾以观复。

夫物芸芸，各复归其根。

归根曰静，是谓复命；

复命曰常，知常曰明。

不知常，妄作凶。

知常容，容乃公，公乃全，全乃天，天乃道，道乃久，没身不殆（dài）。

修道必须清静无为，使心灵虚静至极，一心一意坚守于清静之中。

万物都在生长发育，我观察到了它们循环往复的规律。

天下芸芸众生，都会回复到自身。

归根叫作静，就是复命，就是回归自己的本性。

复命就是常，即万物变化的永恒规律，知常就明智。

不懂得常，轻举妄动，就会有凶险。

懂得常就宽容，宽容了就公道，公道就能使百姓臣服，百姓臣服就能治理全天下，治理好天下就是合道，合道，就久远，这样终身都不会有危险。

第十七章　功成事遂

太上，下知有之。

其次，亲而誉之。

其次，畏之。

其次，侮之。

信不足焉，有不信焉。

犹兮其贵言。

功成事遂（suì），百姓皆谓我自然。

最好的统治者，老百姓只是知道有君王的存在。

稍微差一些的，老百姓会亲近而称赞他。

再其次，老百姓就会畏惧他、疏远他。

更次的，老百姓就会痛恨他、反对他。

君王威信不够，人们就不会信任他。

君王谨言慎行，信守承诺。

立下了功劳，做出了业绩，老百姓都会说我本来就是这样的。

第十八章　忠臣卫国

大道废，有仁义。

智慧出，有大伪。

六亲不和，有孝慈。

国家昏乱，有忠臣。

大道不兴，就有仁义之士出现。

智巧显露出来，才有伪诈。

父子、兄弟、夫妻六亲不和，孝顺慈爱就分明了。

国家昏乱之时，就会有忠臣挺身而出。

第十九章　少私寡欲

绝圣弃智，民利百倍。

绝仁弃义，民复孝慈。

绝巧弃利，盗贼无有。

此三者，以为文，不足。

故令有所属：见素抱朴，少私寡欲。

抛弃虚伪的圣明、狡诈的权术，百姓会获利百倍。

摒弃虚假的仁慈、道义，人们会恢复上慈下孝。

杜绝投机取巧，不追求眼前利益，就会天下无贼。

智、义、利这三者，全都是投机巧饰，不足取。

所以要使人有所归属：就应外表单纯，内心淳朴，去
掉私心杂念，清心寡欲。

第二十章　绝学无忧

绝学无忧。

惟之与阿，相去几何？

善之与恶，相去若何？

人之所畏，不可不畏。

荒兮其未央哉！

众人熙熙，如享太牢，如春登台。

我独泊兮其未兆，如婴儿之未孩；

乘乘（chéng chéng）兮若无所归。

众人皆有余，而我独若遗。

我愚人之心也哉！沌沌兮。

俗人昭昭，我独昏昏；

俗人察察，我独闷闷。

澹（dàn）兮其若海，飂（liáo）兮若无止。

众人皆有以，而我独顽且鄙。

我独异于人，而贵食母。

放弃那些异化之学可以避免带来烦恼。

其实顺从应诺与随意呵斥，相差有多远？

善良与丑恶，又有多大的区别？

人们所畏惧的，不能不有所畏惧。

自古以来如此啊，这风气还未停止！

众人兴高采烈，就像享受盛宴，又好像春天登上高台远眺。

我却独自淡泊恬静，没有形迹，就像婴儿还不知嬉笑。

落落不群啊，似无处可归。

众人都富足有余，而我偏偏只有残余些微。

我真是愚人的心境啊！混混沌沌的那么单纯。

世人都显得很明白，只有我昏昏然那么天真。

大家都那么精明，惟独我无所觉察。

心胸淡泊平静啊，就像那大海一样，飘逸奔放啊，就像不知停歇。

众人都有抱负，而我却愚顽且笨拙。

我惟独与众不同，珍视那万物之母，得道于心。

第二十一章　惟道是从

孔德之容，惟道是从。

道之为物，惟恍惟惚。

惚兮恍兮，其中有象；

恍兮惚兮，其中有物；

窈（yǎo）兮冥兮，其中有精。

其精甚真，其中有信。

自古及今，其名不去，以阅众甫（fǔ）。

吾何以知众甫之状哉？

以此。

大德的行为，都是以道为准则的。

道这种东西，难以形容，就是恍恍惚惚似有似无的。

惚惚恍恍啊，其中却有影象；

恍恍惚惚啊，其中又有实物；

它幽远而昏暗啊，其中就有极精细的东西；

这种精微之物非常真实，其中就有可以验证的信息。

从古至今，道的名字一直保持下来，有了它，我们才能认识宇宙万物。

我怎么会知道世界万物本始如此呢？

就是从道懂得的。

第二十二章　圣人抱一

曲则全，枉则直，洼则盈，敝则新，少则得，多则惑。

是以圣人抱一为天下式。

不自见（xiàn），故明；

不自是，故彰；

不自伐，故有功；

不自矜，故长（zhǎng）。

夫惟不争，故天下莫能与之争。

古之所谓曲则全者，岂虚言哉？

诚全而归之。

委屈反而能得到保全，能屈就才能挺直伸展，安于低洼之处才能盈满，不嫌蔽旧才有新生，少取才能多得，贪多反而令人迷惑。

所以圣人坚守道的准则作为衡量天下事理的标准。

不固执己见，所以对世事一目了然；

不自以为是，所以明辨是非；

不自吹自擂，所以功勋卓著；

不自高自大，所以能够不断长进。

就是因为他不争不抢，所以天下没有能争过他的。

自古以来那些委屈可以保全的话难道是空话吗？

那完全是合于道的自然圆满的结果。

第二十三章　希言自然

希言自然。

故飘风不终朝（zhāo），骤雨不终日。

孰为此者？

天地。

天地尚不能久，而况于人乎？

故从事于道者，道者同于道，

德者同于德，失者同于失。

同于道者，道亦乐得之；

同于德者，德亦乐得之；

同于失者，失亦乐得之。

信不足焉，有不信焉。

少言慎行才合乎自然。

所以狂风刮不过整个早上，急雨也不会下一整天。

是谁能这样兴风起雨呢？

是天地。

天地的狂风暴雨都不能持久，更何况人呢？

所以按照道的规律办事的人，学道就要合于道，想要
有德就要合于德，失道失德的人终究会迷失。

按道行事的，道会乐于得到他；

依德行事的，德也愿意得到他；

依失道失德行事的，就会失去所有。

诚信不足的人，别人也就不会信任他了。

第二十四章　企者不立

企者不立，跨者不行。

自见（xiàn）者不明，自是者不彰，

自伐者无功，自矜者不长（zhǎng）。

其在道也，曰：余食赘行。

物或恶之，故有道者不处。

踮起脚跟想比别人高，反而站不稳；跨开大步想走得比别人快，反而走不远。

自以为见多识广者反而并不明智，自以为是的人反而并不出众，

自我吹嘘者其实没有什么功劳，骄傲自大的反而不会有长进。

用道的观点来看这些行为，这就叫：残羹剩饭和赘瘤痈肉。

令人生厌，所以有道的人是不会这样做的。

第二十五章　道法自然

有物混成，先天地生。

寂兮寥兮，独立而不改，周行而不殆。

可以为天下母。

吾不知其名，字之曰道，强为之名曰大。

大曰逝，逝曰远，远曰反。

故道大、天大、地大、王亦大。

域中有四大，而王居其一焉。

人法地，地法天，天法道，道法自然。

有一种东西浑然而成，在有天地之前就出现了。

它无声无息无形无状，独立存在而不改变自己运行的规律，循环不断而不会懈怠。可以称作天下万物之母。

我不知道它的名字，就给它取名为道，勉强给它命名为大。

大之外叫作逝，逝之外就是远，远就会返回，循环往复。

所以道大、天大、地大、王者也大。

宇宙中有这四个大，而王者是其中之一。

　　人取法于地，地取法于天，天取法于道，而道取法本身，道本自然。

第二十六章　重为轻根

重为轻根，静为躁君。

是以圣人终日行不离辎（zī）重。

虽有荣观，燕处超然。

奈何万乘（shèng）之主，而以身轻天下？

轻则失本，躁则失君。

稳重是轻浮的根本，清静是躁动的主宰。

所以圣人行道就如同出行都不离随身携带的物品一样，以重、静为根本。

虽然有美景胜地，他却安居泰然，内心平静，超然物外。

一个拥有万乘之国的君主，怎么能贪图一己之乐而轻率浮躁地治理天下呢？

轻率会失去根本，急躁就失去了主宰。

第二十七章　恒善救人

善行无辙迹；

善言无瑕谪（zhé）；

善数不用筹策；

善闭无关楗而不可开；

善结无绳约而不可解。

是以圣人恒善救人，故无弃人。

恒善救物，故无弃物。

是谓袭明。

故善人者，不善人之师；

不善人者，善人之资。

不贵其师，不爱其资，

虽智大迷，是谓要妙。

善于行走的不留痕迹；

善于言谈的没有瑕疵；

善于计算的用不着筹码；

善于闭守者不用机关却使人无法开启；

善于绑缚者无须绳索却让人难以解开。

所以圣人总是善于用人，人尽其才，所以没有无用之人。

经常善于救物，物尽其用，所以没有废弃之物。

这就叫承袭本明，因顺常道，深藏不露的智慧。

所以品德好的人是品德不好的人的老师；

品德不好的人可以作品德好的人的借鉴。

不敬重老师，不珍惜自身的经验教训，

虽自以为有智谋，其实是非常糊涂的，这就是待人处世最深奥的道理。

第二十八章　大制不割

知其雄，守其雌，为天下溪。

为天下溪，恒德不离，复归于婴儿。

知其白，守其黑，为天下式。

为天下式，恒德不忒（tè），复归于无极。

知其荣，守其辱，为天下谷。

为天下谷，恒德乃足，复归于朴。

朴散则为器，圣人用之，则为官长（zhǎng）。

故大制不割。

知道什么是雄强，而安守雌弱，像天下的溪流胸怀宽广。

像天下溪流一样胸怀宽广的人，永恒的德就不会离失，他的心就会回归到婴儿一样的纯洁无瑕。

知道什么是明亮，却安于暗昧，可以成为天下的楷模。

为天下楷模者，对于永恒的德就不会困惑，就可以回复到无极的境界。

知道什么是荣耀，却能承受屈辱，其胸怀就像天下的深谷一样博大。

胸怀像天下深谷一样博大的人，永恒的德就会充足，就能回归到浑朴的状态。

真朴的道分散成为万物，圣人加以运用就可以制定规章制度，成为统帅。

所以，好的管理是完整的而不是割裂的。

第二十九章　天下神器

将欲取天下而为之，吾见其不得已。

天下神器，不可为也，不可执也，

为者败之，执者失之。

故物或行、或随，或嘘、或吹，

或强、或羸（léi），或载、或隳（huī）。

是以圣人去甚、去奢、去泰。

为了夺取天下而用强力去做的事，以我之见是达不到
目的的。

天下是神圣的宝器，不可据为己有，也守不住它。

想据为己有的会失败，想守住它的会失去。

所以天下的事物，有的前行、有的后随，或沉稳、或
性急，

或强壮、或羸弱，或自爱保全，或自行消亡。

所以圣人总是去除极端、杜绝奢侈、避免过度。

第三十章　物壮则老

以道佐人主者，不以兵强天下，其事好（hào）还。

师之所处，荆棘生焉，大军之后，必有凶年。

善者果而已，不敢以取强。

果而勿矜，果而勿伐，果而勿骄，果而不得已，果而勿强。

物壮则老，是谓不道，不道早已。

按照道的原则来辅佐君主的，不以武力征服天下，好战不仅无益，人心思反，还会遭到报应。

军队到过的地方，土地荒芜，荆棘丛生，战事之后，必有灾年。

所以善于用兵者只为达到目的而已，不应以兵取强。

真的用兵达到目的了，也不会傲慢，也不会炫耀，也是迫不得已，不会去逞强。

事物过于强盛就会走向衰败，如果不明白这个道理，就违背了道，违背了道，就会早早地走向衰亡。

第三十一章　胜而不美

夫佳兵者，不祥之器，物或恶之，故有道者不处。

君子居则贵左，用兵则贵右。

兵者不祥之器，非君子之器，不得已而用之，恬淡为上。

胜而不美，而美之者是乐杀人。

夫乐杀人者，则不可得志于天下矣。

吉事尚左，凶事尚右；

偏将军居左，上将军居右。

言以丧礼处之。

杀人之众，以悲哀泣之；

战胜，以丧礼处之。

那些精良的军队和兵器，是不祥之物，令人厌恶，所以有道德的人是轻易不会用佳兵利器动武的。

有道的君子平时以左为尊，用兵则以右为贵。

武力是不祥之物，不是君子使用的东西，万不得已才会用它，最好以恬淡冷静的态度对待它。

即使打了胜仗，也不会洋洋自得，那些觉得开心的人，就是喜欢杀人。

喜欢杀人的人，就不能得志于天下了。

所以喜事以左为尊，凶事以右为上。

所以偏将军排在左边，上将军在右边。

是按照丧礼的习俗来处理。

人杀多了，应当怀着悲痛的心情去对待；

打了胜仗，应该按丧礼的仪式去处理。

第三十二章　道恒无名

道恒无名，朴，虽小，天下莫能臣也。

侯王若能守之，万物将自宾。

天地相合，以降甘露。

民莫之令而自均。

始制有名，名亦既有，

夫亦将知止，知止可以不殆。

譬道之在天下，犹川谷之于江海。

道通常没有名字，它朴实无华，虽然幽微不可见，天下万物却不能使其臣服。

君王诸侯如果能够遵守道的原则，万物将自然归顺。

天地相合阴阳之气相交，就会降下甘露。

人们无须谁来命令强求却能自均贫富，同享福泽。

一旦天下需要管理定制时，就有了名分。

一旦有了名分，也就有了分寸，知道进退了，知进退就不会有危险。

正如道行天下，就像河川溪流注入江海一样。

第三十三章　知人者智

知人者智，自知者明。

胜人者有力，自胜者强。

知足者富。

强行者有志。

不失其所者久。

死而不亡者寿。

知人者有智慧，自知者才高明。

能够战胜别人的人有力量，能够超越自己的才是强者。

知足的人最富有。

顽强奋斗的人才算有志气。

不失自己做人根本的人能够长久。

生命结束而道德永存的人才叫长寿。

第三十四章 大道泛兮

大道泛兮，其可左右。
万物恃之以生而不辞，功成不名有，
衣养万物而不为主。
恒无欲，可名于小。
万物归焉而不为主，可名为大。
以其终不自为大，故能成其大。

大道像滔滔不绝、浩浩荡荡的江河水一样广泛流行，它能左能右，无所不到。

万物依靠它生长发育而不会推辞，它大功告成而不以功臣自居。

泽被万物而不自称主宰。

永远保持无欲的状态，可以称它为微小。

万事万物归顺它而它不把自己当作主宰，可以说它很伟大。

因为它从不自以为大，所以能够成就它的伟大。

第三十五章　道出无味

执大象，天下往。

往而不害，安平泰。

乐与饵，过客止。

道之出口，淡乎其无味。

视之不足见，听之不足闻，用之不足既。

掌握了大道，天下会向往归顺。

归顺而不互相伤害，就能安享平安康泰。

动听的音乐与美味的食物，足以令过客驻足停留。

大道讲出来，似乎很平淡，没有什么特别的味道。

看它也看不到什么，听它也听不到什么，但用它却取之不尽，用之不竭。

第三十六章　国之利器

将欲歙（xī）之，必固张之。

将欲弱之，必固强之。

将欲废之，必固兴之。

将欲夺之，必固与之。

是谓微明。

柔弱胜刚强。

鱼不可脱于渊，国之利器不可以示人。

将要收敛的，必定先扩张。

将要削弱的，必定先强化。

将要废除的，必定先兴举。

将要夺取的，必定先给与。

这些都是微妙而明显的征兆。

柔能克刚，弱能胜强。

鱼不可脱离深渊，国家的利器，不可以轻易向外人展示。

第三十七章　道恒无为

道恒无为而无不为。

侯王若能守之，万物将自化。

化而欲作，吾将镇之以无名之朴。

无名之朴，夫亦将不欲。

不欲以静，天下将自正。

　　道永远是顺其自然规律而为，因此没有做不到的，而万物由道而生也都是道之所为。

　　君王若能遵守道的原则，万物将自然地归化。

　　在归化过程中如果有私欲产生，我就会用无名大道的纯朴来安定感化它，使其杜绝贪欲。

　　有了无名大道之朴，就不会产生贪欲。

　　没有贪欲，就能自然回归到清静无为的境地，天下万物将自然走上正道。

第三十八章　去彼取此

上德不德，是以有德。

下德不失德，是以无德。

上德无为而无以为，下德为之而有以为。

上仁为之而无以为，上义为之而有以为。

上礼为之而莫之应，则攘臂而扔之。

故失道而后德，失德而后仁，

失仁而后义，失义而后礼。

夫礼者，忠信之薄，而乱之首。

前识者，道之华，而愚之始。

是以大丈夫处其厚，不处其薄，

居其实，不居其华。

故去彼取此。

有大德的人，不自恃有德，才称得上真正有德。

下德的人，自己认为有德，其实还没有真正的德。

大德者顺应自然而无心作为，无德者想要有为而故意表现。

仁者行善并不想别人知道他的仁义，义者这样做是为了表现他的义。

讲礼仪的人，按礼仪行事而别人不理解，就会扬起胳膊迫使他人依从。

所以失道以后就有了其次的德，失德以后就有了其次的仁，失去仁以后就有了其次的义，失去义以后就有了最后的礼。

这个礼啊，包含的忠信最少，是祸乱的开始。

认识超前的人，是在道德虚华和愚昧开始时就能认识到的。

所以大丈夫为人当厚道，不虚伪；

处世要实在，不要浮华。

所以应当去掉虚伪和表面的东西，取道而为之。

第三十九章　珞珞如石

昔之得一者，

天得一以清，地得一以宁，

神得一以灵，谷得一以盈，

万物得一以生，侯王得一以为天下贞。

其致之，

天无以清将恐裂，

地无以宁将恐发（fèi），

神无以灵将恐歇，

谷无以盈将恐竭，

万物无以生将恐灭，

侯王无以贵高将恐蹶（jué）。

故贵以贱为本，高以下为基。

是以侯王自谓孤、寡、不穀。

此非以贱为本邪？非乎！

故致数舆无舆。

不欲琭琭如玉，珞珞（luò luò）如石。

自古以来，凡得到一即得了道的，

天得一则清朗，

地得一则安宁，

神明得一则灵验，

山川深谷得一就会充盈，

万物得到一就能生长发育，

诸侯君王得到一就能以己之正而正天下。

推而言之，都是因为得到了一。

假若天不能保持清朗恐怕会崩裂，地不能保持安宁恐怕要塌陷，神明不能保持灵验恐怕不能长久，深谷不能充盈恐怕会枯竭，倘若万物不能生长繁育恐怕会灭绝，要是君王诸侯无法正己以治理天下恐怕就会被推翻。

所以高贵以卑贱为本，高是以低为基础的。

所以侯王自称为"孤""寡""不穀"。

这不就是以卑贱为本吗？不是吗！

所以最高的荣誉是无须赞誉的。

不愿华贵如玉，宁愿坚硬如石。

第四十章　有生于无

反者道之动。

弱者道之用。

天下万物生于有，有生于无。

辅助异常事物回到自身是道运动的规律。

而道发挥作用的时候是柔弱而非强势的。

天下万物都生于看得见的有，而看得见的有，却生于看不见的无。

第四十一章　上士闻道

上士闻道，勤而行之；

中士闻道，若存若亡；

下士闻道，大笑之。

不笑，不足以为道。

故建言有之：

明道若昧，进道若退，夷道若纇。

上德若谷，大白若辱，广德若不足，建德若偷，
质真若渝。

大方无隅，大器晚成，大音希声，大象无形，道隐
无名。

夫惟道，善贷且成。

上等之士听到道，必定立即勤奋地实行；

中等之士听到道，会将信将疑，犹豫不定；

下等之士听到道，会哈哈大笑。

殊不知，如果他们不笑，那就不足以称为道。

因此古代立言者有这样的说法：

光明的道好像暗昧，前进的道像在后退，平坦的大道显得崎岖。

大德之人虚怀若谷，最纯洁的心灵反倒像有污点，最广大的德反而像有不足，刚健的德反而像怯弱，纯真质朴的人反而像顺遂易变。

最方正之物像是没有棱角，大器者往往晚成，最大的声音反而听不出声响，最大的形象竟然看不到形迹，大道幽深没有名称。

而只有道，善于孕育万物而无所不成。

第四十二章　三生万物

道生一，一生二，二生三，三生万物。

万物负阴而抱阳，冲气以为和。

人之所恶，惟孤、寡、不穀，而王公以为称。

故物或损之而益，或益之而损。

人之所教，我亦教之。

强梁者不得其死。吾将以为教父（fù）。

道生一即太极，一又生成二，即阴阳，阴阳和合，生成三, 三又会变化成万物。

天地包含着阴和阳，万物背阴而向阳，阴阳相交又生成新的和气。

人们所厌恶的，是"孤""寡"和"不穀"，而君王却用来称呼自己以表谦卑。

因此世间之物或遭贬损反而会受益，或者受益反而遭受损失。

这道理是前人所教，我现在用它来教别人。

逞强暴戾者不得善终。我将以此为借鉴，作为教育人的根本。

第四十三章　不言之教

天下之至柔，驰骋天下之至坚。

无有入无间。

吾是以知无为之有益。

不言之教，无为之益，天下希及之。

天下最柔弱的东西，能够驾驭天下最刚强的东西。

无形之力能够穿透任何没有间隙之处而自由往来。

我因此知道无为的益处。

这种不言的教化，无为的益处，天下很少有能赶得上它的。

第四十四章　知足不辱

名与身孰亲？

身与货孰多？

得与亡孰病？

是故甚爱必大费，多藏必厚亡。

知足不辱，知止不殆，可以长久。

名声与身体哪一个更可贵？

生命与财产哪一样更重要？

获得与失去，哪一个更有害呢？

所以过分地爱惜名声必定付出更大的代价，过多地收藏钱财必定招致更严重的损失。

知道满足就不会招至屈辱，知道适可而止量力而行就不会遇到危险，这样的人身心才可以长久平安。

第四十五章　大成若缺

大成若缺，其用不弊。

大盈若冲，其用不穷。

大直若屈，

大巧若拙，

大辩若讷（nè）。

躁胜寒，静胜热。

清静为天下正。

最完美的事物若显现缺憾，其功用才不会被埋没。

最充实的东西看起来好像很空虚，但是它的作用永远不会穷尽。

最平直的东西看起来好像是弯曲的，

最灵巧的东西看起来好像笨拙，

最大的辩才反倒像不善言辞。

疾走可以御寒，安静可以克服燥热。

所以清静无为是天下的正道。

第四十六章　知足恒足

天下有道，却走马以粪；
天下无道，戎马生于郊。
罪莫大于可欲，
祸莫大于不知足，
咎莫大于欲得。
故，知足之足，恒足矣。

天下有道的时候，战马派不上用场，只好用来运肥耕田。

天下无道的时候，所有的马匹都用来作战，连母马生产都在荒郊野外。

天下的罪过没有比贪得无厌更大的，

天下的灾祸没有比为所欲为永不知足更大的，

天下的过失也没有比想据为己有更大的。

所以，知足的这种满足，才是永久的满足。

第四十七章　不行而知

不出户，知天下；

不窥（kuī）牖（yǒu），见天道。

其出弥远，其知弥少。

是以圣人不行而知，

不见而名，不为而成。

有道之人足不出户，便知天下大事；

不向窗外眺望，就知天道的规律。

若一味出门外求，方法不对，走得越远，知道得越少。

所以圣人不出门便知天下事，

不用察看而明白天道，不求有作为而能成大事。

第四十八章　为道日损

为学日益，为道日损。

损之又损，以至于无为。

无为而无不为。

取天下恒以无事。

及其有事，不足以取天下。

做学问是一天天增加知识，修道是一天天减少杂念。

私心杂念减到少而又少，就达到无为的境地了。

做到无为，就无所不为了。

治理天下就要使天下永远无事可为。

如果天下总有是非，那就不足以治理天下了。

第四十九章　圣人无心

圣人无恒心，以百姓心为心。

善者，吾善之；

不善者，吾亦善之，德善。

信者，吾信之，

不信者，吾亦信之，德信。

圣人在天下歙歙焉，为天下浑其心。

百姓皆注其耳目，圣人皆孩之。

圣人没有个人成见，总是以百姓的心为自己的心。

对善良的人，我善待他；

对不善良的，我也善待他，这样人人可以向善。

诚实可信的，我相信他，

不诚实的，我也信任他，这样个个可以守信。

圣人在天下收敛主观的意志，为了百姓而兢兢业业，使天下人心都归于浑朴。

老百姓的眼睛和耳朵都在关注着他们的一举一动，而圣人看待老百姓就像孩童一般天真纯朴。

第五十章　出生入死

出生入死。

生之徒十有三，

死之徒十有三。

人之生，动之死地，亦十有三。

夫何故？

以其生生之厚。

盖闻：善摄生者，

陆行不遇兕（sì）虎，

入军不被甲兵。

兕无所投其角，

虎无所措其爪，

兵无所容其刃。

夫何故？

以其无死地。

人从出生为生，入地为死。

从生到死属于长寿的人，占十分之三；

夭折的人，有十分之三。

生下来以后，过分享受，经常妄为而受到死亡威胁的也有十分之三。

这是什么缘故呢？

是由于贪生怕死，奉养过度造成的。

曾听说过：善于修道养生的人，

在野外行走不会遇到犀牛猛虎，

当兵打仗不会受到兵器伤害。

犀牛无处用它的角，

老虎也没有地方用它的爪，

兵器的利刃也无处施展。

这是因为什么呢？

因为他们没有进入死亡的境地。

第五十一章　尊道贵德

道生之，德蓄之，物形之，势成之。
是以万物莫不尊道而贵德。
道之尊，德之贵，夫莫之命而恒自然。
故道生之，德蓄之，
长之、育之，成之、熟之，养之、覆之。
生而不有，为而不恃，
长而不宰，是谓玄德。

道生成了万物，德养育了万物，道德使万物各有其形，各成其势，繁衍生息。

所以万物没有不尊崇道、不贵重德的。

道之所以崇高，德之所以尊贵，都不是谁有意安排的，而是顺其自然。

所以道生成了万物，德养育了万物；

道德使万物生长、发育，开花、结果，养育它们、呵护它们。

生成万物而不据为己有，治理万物而不居功自傲，

长养了万物而不以万物的主宰自居，这就是最高深的德。

第五十二章　见小曰明

天下有始，以为天下母。

既得其母，以知其子。

既知其子，复守其母，没（mò）身不殆。

塞其兑，闭其门，终身不勤。

开其兑，济其事，终身不救。

见小曰明，守柔曰强。

用其光，复归其明，无遗身殃，是谓袭常。

天下万物都有个起始，就是万物的母亲。

既然得知了万物的根本，也就认识了万物。

既然知道了万物，就要守住万物的根本，那么终身都不会有危险了。

堵塞住心中贪欲的通道，关闭诱惑进入的大门，就可以终身没有烦恼，不必操心费力。

如果打开心头的孔隙，介入外界的纷扰，那么就会终身烦恼不断，无可救药。

能见其细微才叫明智，能守住柔弱方为刚强。

用道德的光亮，返观细微之明，才不会给自己留下任何灾殃祸患，这才是因循永恒的常道。

第五十三章　行于大道

使我介然有知，

行于大道，惟施（yí）是畏。

大道甚夷，而民好径。

朝（cháo）甚除，田甚芜，仓甚虚。

服文采，带利剑，

厌饮食，财货有余。

是为盗夸，非道也哉。

假使我稍有所知，

就要在大道上行走，惟恐误入歧途。

大道十分平坦，可人们偏偏喜欢走小路。

宫殿虽然十分整洁，田野却已荒芜，粮仓也已空虚。

衣着虽然华丽，佩戴着锋利的宝剑，

饮食却已淡然无味，个人的财产多得用不完。

这种人才是盗贼之首，这实在是不合天道啊。

第五十四章　以身观身

善建者不拔，善抱者不脱，
子孙以祭祀不辍。
修之于身，其德乃真；
修之于家，其德乃余；
修之于乡，其德乃长（cháng）；
修之于国，其德乃丰；
修之于天下，其德乃普。
故以身观身，以家观家，
以乡观乡，以国观国，
以天下观天下。
吾何以知天下之然哉？
以此。

善于建功立业的人不容易动摇，善于坚守功业的人不
容易被拉拢，
这样的人子孙后代会永远怀念祭奠他。
用道来修身，他的德就纯真；

用于治家，他的德会有余；

用于治乡，他的德能长久；

用于治国，他的德就会丰盈；

用于治理天下，他的德就会普遍广大。

所以以自身来观察他身，以自家来观察他家，

以自己的家乡来观察别人的家乡，以自己的国家来观察别的国家，

以自己的天下来观察别的天下，也必然如此。

我为何能知道天下是这个样子的呢？

就是因为这个道。

第五十五章　知常曰明

含德之厚，比于赤子。

毒虫不螫（shì），猛兽不据，攫（jué）鸟不搏，

骨弱筋柔而握固。

未知牝牡之合而朘（zuī）作，精之至也；

终日号（háo）而不嗄（shà），和之至也。

知和曰常，知常曰明，

益生曰祥，心使气曰强，

物壮则老，谓之不道，不道早已。

含德最厚的，好比天真无邪的婴儿。

毒虫不会蜇他，猛兽不会咬他，巨鸟看见都不会抓他。

他骨头还很弱，筋脉还柔嫩，但拳头却握得很牢固。

虽然还不懂得男女交合，他的小生殖器却经常勃起，这是因为他的元气精纯充沛；即使整天哭喊，他的嗓子也不会嘶哑，因为他喜怒无心，平和至极。

知道了万事应当平和的道理叫作懂得常道，知道了常

道叫作明白事理，纵欲贪生就会有灾祸，用心机一味任性就叫逞强，事物发展过于强壮了就会走向衰老，这就叫不合天道，不合天道必早亡。

第五十六章　知者不言

知者不言，言者不知。

塞其兑，闭其门；挫其锐，解其纷；和其光，同其尘，是谓玄同。

故，不可得而亲，不可得而疏；

不可得而利，不可得而害；

不可得而贵，不可得而贱。

故为天下贵。

懂得道的人不轻易谈道，谈道的人其实并不懂道。

堵塞住心中贪欲的通道，关闭诱惑进入的大门，守口如瓶，防患如城；不要锋芒毕露，要以简驭繁，解除尘世的纷扰；不存偏见，要见光和其光，遇尘就入乡随俗同其尘。顺其自然，这就是玄妙齐同而合道的最高境界。

所以，不可因同道了就对得道者表示亲近，也不可以表示疏远；

不可以因此去获利，也不会因此而受伤害；

不可因此就变得尊贵，也不会因此而变得低贱。

正是如此，玄同才是天下最为尊贵的。

第五十七章　以正治国

以正治国，以奇用兵，以无事取天下。

吾何以知其然哉？

以此。

天下多忌讳，而民弥贫；

民多利器，国家滋昏；

人多伎巧，奇物滋起；

法令滋彰，盗贼多有。

故圣人云：

我无为而民自化，

我好静而民自正，

我无事而民自富，

我无欲而民自朴。

以光明正大来治理国家，以出奇制胜来用兵，以清静无为来平天下。

我为何知道应该是这样的呢？

就是根据这些法则。

天下的法令和限制越多，老百姓就越贫困；

民间的利器多了，国家就会更加混乱；

人们的机巧权谋越多，邪门歪道就越多；

法令越是森严，盗贼反而越多。

所以圣人说：

我无为，百姓就会自我化育，

我好静，百姓就自然走正道，

我若无事，百姓就会自然富足，

我若无欲，百姓就自然勤俭纯朴。

第五十八章　祸福相依

其政闷闷，其民淳（chún）淳；

其政察察，其民缺缺。

祸兮福之所倚（yǐ），

福兮祸之所伏。

孰知其极？

其无正。

正复为奇（qí），善复为妖。

人之谜，其日固久。

是以圣人方而不割，廉而不刿（guì），

直而不肆，光而不耀。

政治上宽厚自然，百姓就会忠厚淳朴；

政治上严苛，百姓就狡诈。

灾祸啊，可能会带来福气，

幸福啊，又可能祸藏其中。

谁知道这种祸福之间究竟是什么关系呢？

其中没有一定之规。

正又变为邪，善复转为恶。

人的这种迷惑，存在的时日已经很久了。

所以圣人公正有棱有角而不显生硬，正直廉洁坚持原则而不会伤人，

正派豁达而不会放肆，光明磊落而不会炫耀。

第五十九章　深根固柢

治人事天，莫若啬（sè）。

夫惟啬，是谓早服。

早服谓之重积德；

重积德，则无不克；

无不克，则莫知其极；

莫知其极，可以有国；

有国之母，可以长久。

是谓深根固柢，长生久视之道。

治理国家和侍奉天道，没有把它比作种庄稼更为合适的了。

就像耕作农事一样，是需要事事早作准备的。

早作准备，就是广种福田厚积德。

厚积德，则攻无不克。

攻无不克，则所向无敌，没有什么可以超越；

没有什么可以超越，方可治理国家；

把握住国家的根本命脉，政权才能长久。

这就像大树，根深才能叶茂，国家才能长盛不衰，这就是深根固柢、长治久安的道理。

第六十章　两不相伤

治大国若烹小鲜。

以道莅天下，其鬼不神；

非其鬼不神，其神不伤人；

非其神不伤人，圣人亦不伤人。

夫两不相伤，故德交归焉。

治理大国就像烹调小鱼一样，不能老去翻动。

用大道的原则去治理天下，那些邪恶的势力就不能出来作祟。

不但邪恶的鬼不作祟，正义的神也不会伤人；

不但神不伤人，治理国家的圣人也不会伤害人。

鬼神和圣人都不伤害人，两不相伤和平共处，那么德就归于民，老百姓就合归于道德而治的天下了。

第六十一章　大者宜下

大国者下流，天下之交。

天下之牝，牝恒以静取牡。

以静为下。

故大国以下小国，则取小国；

小国以下大国，则取大国。

故或下以取，或下而取。

大国不过欲兼畜（xù）人，小国不过欲入事人。

夫两者各得其所欲，大者宜为下。

大国要像江河的下游，像天下百川入海一样自动交汇。天下之母性、雌性总是以静制动，战胜雄性。

在于它既能以静制动，又处于谦恭的下位。

所以大国如能对小国谦恭自抑，则必然能取得小国的信任；

小国若能对大国谦卑自处，也能取得大国的信任。

所以或是谦下以取得小国的信赖，或是谦下而被大国所信任。

大国不过是要聚养小国，小国不过是要依附大国。

这样两者可以各得其所，所以强大的以谦下为宜。

第六十二章　万物之奥

道者，万物之奥。

善人之宝，不善人之所保。

美言可以市，尊行可以加人。

人之不善，何弃之有？

故立天子、置三公，

虽有拱璧以先驷马，不如坐进此道。

古之所以贵此道者何？

不曰：求以得，有罪以免邪？

故为天下贵。

道，是万物生命的保护神。

是善良人的法宝，不善良的人也会得到它的保护。

有了道，语言就美，美好的言语可以用作社交，高尚的行为也可以使人得到尊重。

不善的人，应该努力向善，哪会被舍弃呢？

因此即便立为天子、设置太师太保太傅三公，虽然举行仪式时前有珍贵的玉璧开道，后有驷马之乘相随，都不如以道来作为赠礼。

自古以来就重视道是什么原因呢？

不就是说：有所求就能有所得，有罪的也可以免除吗？

所以道为天下人所珍贵。

第六十三章　以德报怨

为无为，事无事，味无味。

大小多少，报怨以德。

图难于其易，为大于其细。

天下难事，必作于易；

天下大事，必作于细。

是以圣人终不为大，故能成其大。

夫轻诺必寡信，多易必多难。

是以圣人犹难之，故终无难矣。

　　把清静无为当作最好的作为，把平安无事当作事业，把恬淡无味当作美味。

　　无论大小多少，都要以德报怨。

　　考虑困难的事要从容易的开始，要做成大事就要考虑每一处细节，从小事做起。

　　天下的难事，必须从容易的做起；

　　天下的大事，必须从细微处入手。

　　所以圣人始终不自以为大，所以能够成就大事。

　　轻易做出承诺难以兑现必然失去信用，总把事情看得很容易，结果会困难重重。

　　因此圣人尤其重视困难，所以最终并无难事。

第六十四章　慎终如始

其安易持，其未兆易谋；
其脆易破，其微易散。
为之于未有，治之于未乱。
合抱之木生于毫末；
九层之台起于垒土；
千里之行始于足下。
为者败之，执者失之。
是以圣人无为，故无败；
无执，故无失。
民之从事，恒于几成而败之。
慎终如始，则无败事。
是以圣人欲不欲，不贵难得之货；
学不学，复众人之所过；
以辅万物之自然，而不敢为。

世道平安就能长久维持，事情没有明显征兆时则容易
谋划改变。

脆弱的东西容易打破，细微的事物容易散失。

处理事情要在尚未发生之时，治理国家应在发生变乱之前。

合抱的大树生于细小的幼苗；

九层的高台起于垒起的第一堆土；

千里之行始于迈出的第一步。

如果强行作为，必然失败，执意把持，必然失守。

所以圣人办事，以无为为原则，所以不会失败；

不执着，所以不会遭受损失。

一般人做事，常常到快要成功时就失败了。

假如审慎对待事情的终结，始终如一，到最后都像开始时一样谨慎，就没有失败的事。

所以圣人的欲望就是不贪欲，不稀罕那些难得的东西；

在学问上学习那些别人所不学的东西，弥补众人的过失。

用这种办法辅助万物顺其自然发展，而不加干预。

第六十五章　玄德深远

古之善为道者，非以明民，将以愚之。

民之难治，以其智多。

故以智治国国之贼；

不以智治国国之福。

知此两者，亦稽式。

恒知稽式，是谓玄德。

玄德深矣！远矣！与物反矣！

然后乃至大顺。

古代善于为道的人，不是让老百姓更加精明，而是让他们保持淳朴。

民众之所以难以管理，是因为他们太过聪明、太多心计。

所以用玩弄权术的方法来治国，是国家的祸害；

不用心计治国，百姓和平相处，才是国家的福气。

要知道这两种方法的区别是国家兴衰的法则。

永远守住这种法则，就是大德。

这大德的影响实在深啊！远啊！与万物同返于道！

然后才能通达成功的自然和顺。

第六十六章　海纳百川

江海所以能为百谷王者，

以其善下之，故能为百谷王。

是以圣人欲上民，必以其言下之；

欲先民，必以其身后之。

是以圣人处上而民不重，处前而民不害。

是以天下乐推而不厌。

以其不争，故天下莫能与之争。

江海之所以能成为百川之王，是因为它处于低下之处，所以能够成为千百河流汇聚之所。

所以，圣人要想成为领导，就必须在言语上谦和；

要想做民众的表率，就必须把自己的利益放在百姓之后。

所以圣人居于上位，百姓不感到有压力，虽在百姓之前，而百姓不觉得有妨碍。

所以天下人都乐于推举而不厌恶他。

正是以他的与世无争、与人无争，所以天下没有谁能与之相争。

第六十七章　我有三宝

天下皆谓我道大，似不肖。

夫惟大，故似不肖。

若肖，久矣其细也夫。

我有三宝，持而保之：

一曰慈，二曰俭，三曰不敢为天下先。

慈，故能勇；

俭，故能广；

不敢为天下先，故能成器长（zhǎng）。

今舍慈且勇，舍俭且广，

舍后且先，死矣！

夫慈，以战则胜，以守则固。

天将救之，以慈卫之。

天下人都对说我道大，大得什么都不像。

而正是因为它太广大了，才没有什么可与之相比。

如果它真有什么具体形态的话，那它早已变得细小而不成其为道了。

我有三件宝，永远保持和珍藏着：一是慈，二是俭，三是不敢为天下先。

因为慈爱，所以英勇无畏；

因为节俭，所以厚广；

因为不敢与天下人争先，所以才能得到大家的拥戴，成为领袖、万物之长。

现在有的人不讲慈爱宽容，一味好勇逞强，不讲节俭还要摆谱充阔，

不肯落在别人后面，总要事事争先，那就只有死路一条了！

如果宽容慈爱，打仗就能胜利，防守就能坚固。

老天也会救助你，以慈爱来护卫你。

第六十八章　不争之德

善为士者不武，

善战者不怒，

善胜敌者不与，

善用人者为之下。

是谓不争之德，

是谓用人之力，

是谓配天，古之极。

善于当将帅的人并不显勇武，

善于打仗的人不逞一时怒气，

善于克敌制胜的不轻易与对方交战，

善于用人者甘居人下。

这就是不争的德，

这就是善用别人的力量，

这就是与天道相合，自古以来这就是最高的准则。

第六十九章　哀者胜矣

用兵有言：吾不敢为主而为客，

不敢进寸而退尺。

是谓行（xíng）无行（háng），攘无臂，扔无敌，执无兵。

祸莫大于轻敌，轻敌几丧吾宝。

故抗兵相若，哀者胜矣。

用兵之人这样说过：我不敢取攻势而取守势，

不敢轻易推进一寸而宁可退守一尺。

这就是说，善战者行军不见队列，奋起不用挥臂，交战没有敌人，手中不见武器。即善于用兵的人排兵布阵而不见队形，随时准备亮剑而不轻易出手，一旦战斗打响就一往无前所向披靡，控制敌军使其无喘息之机，无还手之力。

打仗最大的灾祸莫过于轻敌，轻敌则可能丧失我方的优势。

所以两军狭路相逢势均力敌时，悲愤反击的一方最终可以获胜。

第七十章　被褐怀玉

吾言甚易知，甚易行。

天下莫能知，莫能行。

言有宗，事有君。

夫惟无知，是以不我知。

知我者希，则我者贵。

是以圣人被（pī）褐怀玉。

我的话很容易懂，很容易实行。

而天下人却不能完全理解，不能照我的话去做。

我所讲的话都是有历史渊源的，我所举的事例都是有事实根据的。

可是由于不懂这个道理，所以人们不了解我。

了解我的人很少，按我的道去做的人就更难能可贵了。

因此有道的圣人就是身着粗布衣而怀揣美玉的人。

第七十一章　圣人不病

知不知，上。

不知知，病。

夫惟病病，是以不病。

圣人不病，以其病病，是以不病。

知道自己还有很多事情不懂，是美德。

不知道自己不知道，是毛病，是错误。

而惟有把这个毛病当成毛病，才没有错误。

圣人不犯错误，就是因为他把错误当成错误，所以才不会犯错误。

第七十二章　自知自爱

民不畏威，则大威至矣。

无狎（xiá）其所居，无厌其所生。

夫惟不厌，是以不厌。

是以圣人自知不自见（xiàn），

自爱不自贵。

故去彼取此。

当老百姓不畏惧统治者的淫威时，那对官府来说就要大祸临头了。

不要逼得老百姓不能安居乐业，不能害得老百姓难以生存。

只有你不压迫老百姓，老百姓才不会厌弃你，才能拥护你。

所以圣人知道自己的能力但从不自我表现，

虽然自爱但从不自显尊贵。

因此，他摈弃后者而保持前者，即摈弃自见自贵而保持自知自爱。

第七十三章　天网恢恢

勇于敢则杀，勇于不敢则活，

此两者或利或害。

天之所恶（wù），孰知其故？

是以圣人犹难之。

天之道，不争而善胜，

不言而善应，不召而自来，

繟（chǎn）然而善谋。

天网恢恢，疏而不失。

勇于逞凶的人难以善终，善于退让的人则能保全性命，

这两者都是勇，但一个得利，一个受害。

老天都厌恶的，谁知道其中的原故呢？

所以圣人考虑问题时也认为知天很难。

上天之道，从不与人相争而善于得胜，

不用言语却善于回应，不发号召而自动来到，

行动坦然而善于谋划。

天道就像一张巨大的网，好像很稀疏，却不会有任何
一点点的疏漏。

第七十四章　民不畏死

民不畏死，奈何以死惧之？
若使民恒畏死，而为奇者，
吾得执而杀之，孰敢？
恒有司杀者杀。
夫代司杀者杀，是谓代大匠斫（zhuó）。
夫代大匠斫者，希有不伤其手矣。

老百姓连死都不怕，又怎么能用死去威胁他们呢？

倘若让老百姓常常怕死，那对于为非作歹的人，

我就可以把他们抓起来杀掉，那谁还敢违法乱纪？

经常有专管杀人的去执刑。

那些代替他们杀人的去杀人，就好比让外行替木匠去砍伐木材一样。

不懂木匠的手艺，又要替木匠去砍木头，就难得有不伤手的。

第七十五章　贤于贵生

民之饥，以其上食税之多，是以饥。

民之难治，以其上之有为，是以难治。

民之轻死，以其上求生之厚，是以轻死。

夫惟无以生为者，是贤于贵生。

老百姓之所以挨饿，是因为上面收的税太多，所以受饥饿。

百姓之所以难以治理，是因为统治者强行妄为，政令繁乱，所以难以治理。

百姓之所以把生命看得不值钱，是因为上面的人把自己的命看得太重，所以逼得老百姓把自己的生命不当回事，铤而走险。

而只有那些不过分看重自己生命、恬淡为上的人，才比奉养过度的人更加高明。

第七十六章　柔弱处上

人之生也柔弱，其死也坚强。

万物草木之生也柔脆，其死也枯槁。

故坚强者死之徒，柔弱者生之徒。

是以兵强则不胜，木强则折（shé）。

强大处下，柔弱处上。

人活着的时候身体是柔软的，而死的时候就变得僵硬了。

自然界的花草树木活着的时候也十分柔软脆弱，而死后也会变得干枯。

所以强硬的东西归于死亡的一类，而柔弱者则属于生长的一类。

所以兵力太强了就容易有暮气打不了胜仗，树木太壮了就会被砍伐。

强大的东西往往处于被动的下位，而柔弱的反而处于向上的优势。

第七十七章　为而不恃

天之道，其犹张弓与？

高者抑之，下者举之；

有余者损之，不足者补之。

天之道，损有余而补不足。

人之道，则不然，损不足以奉有余。

孰能有余以奉天下？

惟有道者。

是以圣人为而不恃（shì），

功成而不处，其不欲见（xiàn）贤。

天之道，不就像拉弓射箭一样吗？

弓箭抬高了就把它往下压一压，低了就把它往上抬

一抬；

弓弦过满就放松一点，弓弦不够满就拉满一点。

天之道，就是把多余的拿下来弥补不足的。

而人之道，则不是这样，反而拿不足的来供奉富余的。

有谁能拿出有余的来奉献给天下呢？

惟有有道的人才能做到。

所以圣人做了好事而不自傲自恃，

大功告成而不居功，他永远也不想显示自己的才能。

第七十八章　正言若反

天下莫柔弱于水，

而攻坚强者莫之能胜，以其无以易之。

弱之胜强，柔之胜刚，

天下莫不知，莫能行。

是以圣人云：

"受国之垢，是谓社稷主。受国不祥，是谓天下王。"

正言若反。

天下最柔弱的莫过于水，

而能攻坚克强的东西都没有能够胜过它的，因为没有什么东西能够替代它。

弱能胜强，柔能克刚，

天下没有不懂这个道理的，但是没有人能够做得到。

所以圣人说：

"能够承受国家屈辱的，才称得上江山社稷的君主。能够承担国家灾难的，才算是天下的统帅。"

正道之言说出来往往像说反话一样。

第七十九章　天道无亲

和大怨，必有余怨，
安可以为善？
是以圣人执左契，而不责于人。
有德司契，无德司彻。
天道无亲，恒与善人。

化解调和了大的仇怨，必然还会留有余怨，

哪能算是妥善呢？

所以圣人只是掌握债权人的契约，却只约束自己而不向人催讨。

有德的人就是这样，他只施与而不求回报；无德的人就如掌管税收之人，不停催讨。

天道不分亲疏从不偏爱，永远垂青于善良的人。

第八十章　小国寡民

小国寡民。

使有什伯之器而不用,

使民重死而不远徙（xǐ）。

虽有舟舆，无所乘之；

虽有甲兵，无所陈之。

使民复结绳而用之。

甘其食，美其服，

安其居，乐其俗。

邻国相望，鸡犬之声相闻，

民至老死不相往来。

国家不大，人口不多。

即使有很多的器具也派不上用场。

要让老百姓在家门口就能丰衣足食，而不必冒着生命危险向远处迁移。

虽有车船，也没有必要去乘坐；

虽有武器军队，也因无战事而无须列阵以待。

让老百姓回复到好像古时候结绳记事的状态。

让他们感到吃得香甜，穿得漂亮，

住得舒适，感到自己家乡的习俗最美、生活最安乐。

虽然邻国之间遥遥相望，鸡犬之声都能听到，

但边民之间相安无事，直到老死互相没有往来。

第八十一章　圣人之道

信言不美，美言不信；

善者不辩，辩者不善；

知者不博，博者不知。

圣人不积。

既以为（wèi）人己愈有，

既以与人己愈多。

天之道，利而不害；

圣人之道，为而不争。

真实的话不漂亮，漂亮的话不真实；

善良的人不狡辩，爱狡辩的人不善良；

有学问的人知道自己知识不渊博，自诩学问渊博的人
其实很无知。

圣人毫无保留。

倾其所有以助人，自己反而更充实，

给别人的越多，自己反而越富有。

天之道，就是利于万物生长而不去伤害他们；

圣人之道，就是尽力而为，为天下奉献而从来不去争任何功名。

永远的老子

——阅读《老子》

一、走近老子

老子说:"吾言甚易知,甚易行。天下莫能知,莫能行。"他在《老子》第70章中说:我的话很容易懂,很容易实行。而天下人却不完全理解,不能照我的话去做。我讲的话都是有历史渊源的,所举的事例也都是有根据的。可是由于不懂这个道理,所以人们不了解我。了解我的人很少,按我的道去做的人就更难能可贵了。圣人就是身着粗布衣而怀揣美玉的人。

为什么这样一位怀揣美玉的圣人并不完全为人们所了解?为什么人们不能照老子的话去做?老子在他的书中到底讲了些什么呢?

我的《老子》学习研究启蒙于1993年。那年,我幸遇恩师。他是一名优秀的军人和共产党员,一位德高望重、贡献卓著的离休干部。他对老子有独到的认识。得到老师的教诲,我逐步认识和了解了老子的一些思想和观点。老师给我们讲老子、讲道德、讲人生。他说做人就要像老子一样"光明磊落""为而不争""要做石头不做玉"。要我们继承祖业,弘扬优秀的中华文化传统,不要名、不为利,全心全意为人民服务。正是老师的引领，让我一步步走近了老子！

二十多年来，我反复认真地研读了《老子》一书，查阅了不少相关资料，十多年来不断学习记录《老子》原义，总结出了一些观点与心得。

近几年来，我在不同场合做过《永远的老子》的讲座，得到了听众朋友们的热烈反响与好评。他们认为我的解读明白晓畅，通俗易懂。从他们的提问和对进一步学习《老子》的渴望中，我愈发感到把自己的体会和理解发表出来，可以更好地与大家分享，会有助于普通读者对《老子》的学习和理解，为大家提供一条明确的入门之路，让普通读者从浩繁的学习资料中清晰起来，少走弯路、少兜圈子。《老子》的原文有多种不同的版本，各种注释本更是汗牛充栋，不可胜数；加上信息化时代，仅网络上的相关资料就难以穷尽。这对于广大希望学习、了解《老子》的一般读者而言，既是好事，也可能带来一些困扰。面对浩如烟海的资料，他们可能无从读起，甚至会望洋兴叹，知难而退。因为并不是每个人都希望成为老学专家。也没有必要人人都像专家学者那样去钻研老子。与其花费大量的时间精力和学者们一起去探讨、存疑，不如让更多的人，抓住最主要的东西，真正领会《老子》的思想内容并能广泛运用，这样更能弘扬老子的思想，真正掌握大道的精髓，体现《老子》一书的价值。这是我编写出版本书的初衷。

二、大道至简

（一）关于老子和《老子》一书

老子是真实的历史人物，是世界文化名人、我国古代伟大的哲学家和思想家、道家学派的创始人。他与孔子同时而稍早。据司马迁在《史记·老子列传》里记载，老子"姓李（一说姓老），名耳，字聃"。老子即是老聃，而非历史上有的学者提出的是老莱子或太史儋。

老子是春秋（公元前770年～前476年）时人。相传生于公元前571年，大约逝世于公元前480年。据一些历史资料记载，老子活了160多岁，这当然是传说。在《史记·老子列传》中司马迁说："盖老子百有六十余岁，或言二百余岁，以其修道而养寿也。"

老子故里在楚国苦县厉乡曲仁里，即现在的河南省鹿邑县太清宫镇（一说安徽省涡阳）。两千多年来官方与民间公认鹿邑为老子故里，这也得到了古代文献、出土文物的支持与认可。鹿邑县也曾因此将苦县更名为真源县。2012

年2月中国民间文艺家协会确定命名鹿邑县为"中国老子文化之乡"。

老子的弟子主要有关尹、庚桑楚、列子、杨朱、文子、环渊等。孔子也曾问礼于老子,在洛邑向他学习了三个月。老子和孔子的思想是中国正统文化思想的根基,而道家思想与儒、释相融合,一起构成了中国历史上传统文化的主要潮流,影响至今。

根据《老子铭》记载,他有官职,即周守藏室史。他与同时代的孔子有交往:"孔子适周,将问礼于老子。"老子的世系,据《史记》记载:"老子之子名宗,宗为魏将,封于段干。宗子注,注子宫,宫玄孙假,假仕于汉孝文帝。而假之子解为胶西王卬太傅,因家于齐焉。"据一些史料记载,老子的父亲李乾是周朝的一名官吏,使老子从小得以接受良好的教育,后成为周王室守藏室之史,征集、保管进而饱览了周王朝及各诸侯国的典籍,为他创立学说奠定了基础。

老子的其他称谓:"太上老君"是民间和道教对老子的称呼,是对老子的神格化。创建了中国本土第一宗教道教的张道陵之嫡孙张鲁在接任天师后,开始奉老子为太上老君,使这位充满哲学智慧光芒的老子,完成了由人到神的华丽转身,走向了神圣的宗教祭坛,从此历史从传说变成了神话,被越来越多的人和宗教信徒所崇拜。在人们心目中这位名望极高的圣人，是无所不能的神仙，被唐朝帝王追认为李姓始祖。唐高宗李治曾亲临鹿邑拜谒，封老子为"太上玄元皇帝"。在道教中，老子是道教的最高尊神，是一气化三清（即玉清元始天尊、太清道德天尊、上清灵宝天尊）的"三清祖师"。

关于《老子》一书：《老子》一书，又名《道德经》《道德真经》《五千言》《老子五千文》等。最早的名字应该是《老子》。《老子》为老子所著，而非其弟子或后学所纂辑。传说春秋末年，周王朝内乱，老子弃官西去，途经函谷关时，关令尹喜慕其大名，强留著书。据《史记》记载："关令尹喜曰，子将隐矣，强为我著书。于是老子乃著书上下篇，言道德之意五千余言而去，莫知其所终。"这部闪耀着东方智慧的著作一经问世即受到广泛关注，备受推崇。同时期的《论语》《墨子》等思想巨作都受到《老子》一书内容的影响。《老子》影响了中国两千多年，对整个人类社会思想发展也有重大的影响。

《老子》成书的时间：老子的思想在春秋晚期已经形成，《老子》最晚应成书于春秋末战国初，并开始流行于世。这可以从1993年湖北荆门郭店出土的战国楚简本得以证明。这是现存最早的《老子》摘抄本，被有的学者称为"世界第一书"。受老子影响而成书于战国初期的《论语》及其后的《墨子》等名著，也证明了《老子》成书在此之前。春秋时期晋国政治家叔向坚持"贵柔"思想，《国语·晋语八》中叔向有不少论述与老子的哲学观点相同或相近，也都能证明《老子》成书在春秋时期。

《老子》的版本：《老子》有多种版本。《老子》成书时就有五千余字的规模。所以《老子》同时有"五千言""老子五千文"等名称。在众多的《老子》传世本中，以汉代河上公《老子道德经》和三国魏王弼《道德真经注》在历史上影响最大、流传最广。王弼本文笔晓畅，河上公本文句简洁、古朴。今本《老子》应该定型于汉代。1973年在湖南长沙马王堆出土了汉墓帛书《老子》甲本和乙本。1993年在湖北郭店又发现了竹简书《老子》。简书《老子》分为甲、乙、丙三组，共计1700余字。在出版《大中华文库》的《老子》多语种版时，我曾将这三组文字的繁体字转换成了简体，以便现代读者易于辨识。2013年初，《北京大学藏西汉简书》（简称《北大简》）中的《老子》由上海古籍出版社出版，在社会上引起了很大的反响。

历史上《老子》的注释本：先秦韩非的《解老》《喻老》应该是最早研究、注释老子的著作。汉朝河上公的《老子章句》、严遵的《老子指归论》、张道陵的《老子想尔注》、三国魏王弼的《老子注》《老子指略》、初唐傅奕的《道德经古本篇》等也是一批最早注释《老子》的著作。历代注疏者中，唐玄宗、宋徽宗、王安石、苏辙，民国时期的马叙伦、蒋锡昌、严灵峰及新中国成立后的朱谦之、张松如、任继愈、陈鼓应等人的注释和评介有较大的影响。近现代的汉语译文及注释本更有无数种。帝王将相、学者文人、儒释道各家都纷纷为其注疏，各抒己见，各有所长，蔚为大观。有学者考证，历代文献所著录的《老子》注本约有2000种。还有"注本三千"的说法。

（二）《老子》一书的内容

《老子》是中国传统文化中首屈一指的经典，被誉为一部包括了哲学、文学、美学、医学、社会学、伦理学、军事学、天文学等多学科的百科全书。《老子》首先是一部内容博大精深的哲学著作，也是中国第一部最完整的哲学著作，是国学经典著作"三玄"中的一部。它既是一部哲学著作，又是一部政治著作，还是道教经典，为《道藏》首经；既是一部养生著作，又是一部兵法著作；既是一本警句集，也是一部哲理诗。从哲学方面研究注释《老子》的，有王弼等；陈鼓应先生也是从哲学方面研究注释老子最著名的当代学者之一。古代从治国方略、政治权谋方面注释《老子》的，有梁武帝、唐玄宗、宋徽宗、明太祖等；从养生方面注释《老子》的，有河上公、吕洞宾等；近现代也有从科学和管理等方面注释的。现代还有一些企业家运用老子智慧来管理企业。之所以众说纷纭，各有其理，就是因为道是万物之宗，包罗万象。

《老子》一书的核心思想：《老子》的核心思想就是
"道"和"德"。这是老子哲学思想的集中体现，涉及人生、
自然、社会的各个方面，系统阐明了老子的宇宙观、政治
观和认识论。老子主张"尊道贵德""清静无为""少私寡
欲""谦和处下"等。"自然无为"是老子最重要的观念，
也是"老子"一书的中心思想。老子认为，见素抱朴，少
私寡欲，才是得道的秘诀。人要想与天道合一，只有通过
自己严格、认真、刻苦的修炼，在无私无欲无我的条件下，
在天人相应的状态中才有可能直觉"道"、才能得道，才能
与天相合，与道相应。"人要用虚静之心来感悟天地的规律，
让自己的生命归复自然的根本，只有致虚极，守静笃，才
能做到身与心的和谐相通。"

何为道？老子说：道者，万物之奥，众妙之门。"道"
是老子哲学思想的理论基础和基本范畴。在《老子》一书
中，77处提到"道"，44次提到"德"。其中除"可道"等
几处为他义外，有73处"道"均指老子哲学中的"道"。同
时他还用"无""一""大"等名词代替"道"。第1章"无，
名天地之始；有，名万物之母"中的"无"和"有"也都
是指"道"。老子认为"道"既是"无"，也是"有"。道是
宇宙的本源，独立于任何其他事物之外，而且不断变化，
周而复始。"有物混成，先天地生。寂兮寥兮，独立而不改，

周行而不殆。可以为天下母。吾不知其名，字之曰道，强为之名曰大。"（第25章）

老子认为，道既是无形的难以感知的东西，又是实实在在的存在体。道既不是单纯的有形的物质、也不是思虑的精神、也不是理性的规律，而是这一切的总合。道，就是规律。道是生成宇宙万事万物的本根和能量，是宇宙间物质、精神、信息等的总和，也是宇宙间万事万物运行发展变化的总规律、总准则。"道"其大无外，其小无内。它虽然无形无象，视之不见，听之不闻，搏之不得。但又真实存在，无处不在，无时不在。道是自然的始祖，宇宙万物之母。她先天地而生，不仅创生了天地万物，还长养了万物，使之欣欣向荣，生生不息，具有无穷的生命力。

何为德？"德"是"道"的显现，是"道"的作用，是"道"在人生、社会和政治生活中的具体体现。万物各自体现出的本性就是"德"。德是祖先的宝贵遗产。《老子》一书中所讲的"道"和"德"，并不包括较低层次的仁、义、礼、智。德是人类历史上让人们做好人、遗弃劣迹的要求。我们的祖先在人类历史上从来是以德为荣，因此才有了伟大的炎黄子孙。德是实实在在的遗产，老子把"生而不有，为而不恃，长而不宰"，称之为"玄德"。

老子的"道"的特点："道"是宇宙万物发生起源的根本，道先于天地，是万物之母；道是真实存在的；道是无声无色、无形无象的；道是独一无二的，是绝对的，是永存的；道是不断变化的；道是周而复始、循环往复、循环运行的；它"独立而不改，周行而不殆"，无所不在，不以任何意志为转移，也就是人们常说的"道法自然"。道是一个无限圆满、无比完整的和谐体；道是宇宙间最大的，道大于天，道本自然。用老子的话来说，"自然""虚静""纯粹""素朴""恬淡""平易""清静""无为""柔弱""不争"是道的十大突出特点。而"生而不有""长而不宰""功成而不居""谦退""处下"等既是道的特点，也是老子为人的明显特征。

（三）老子的思想体系

老子思想是中华文化的瑰宝。老子的思想体系也称老学或道学。主要内容为天道论。以道为立论基础的道学理论可分为四大部分，即道体论、道法论、道知论和道用论。道体论是本体论，体现了老子的宇宙观。任继愈先生在《老子绎读》中写道："说老子开创了中国哲学本体论的先河，并不过分。"道法论是方法论，是老子思想中最有特色的部分，体现了中国古代辩证法的最高成就。道知论是老子的认识论。他告诉我们人类应该如何去体悟和把握道。道用论则是讲道在社会、历史和人生等方面的具体应用。

老子崇尚自然，在他的思想中，道的本质就是自然。

自然是天地间不变的规律，是万物相通的法则。老子的思想是天人相应，天人合一的。他说："人法地、地法天、天法道、道法自然。"（第25章）他的"天法道、道法自然"，就是说"道本自然"，强调了自然的重要性。一切自然，自然而然。这是老子哲学的基本精神，也是老子哲学的最大成就。追求天人合一，人与自然的完美融合才是老子思想的最高境界。

老子的宇宙观：我们人类生活在宇宙时空中，都希望了解宇宙的来龙去脉，也都希望找到"我是谁？我从哪里来？我要到哪里去？"这些哲学终极问题的答案。对这些问题的看法不同，形成了不同的宇宙观、世界观，人生观。宇宙从何时起？宇宙从何处来？老子在他的书中，以独特的视角和洞悉世界的高度智慧探究了宇宙的形成。他认为道是宇宙的本源，是生成天地之母。简单地说就是一句话："天下万物生于有，有生于无。"有和无是道运作时的两种状态，无是产生天地的动力；有是万物的本始。老子说："道生一，一生二，二生三，三生万物。万物负阴而抱阳，冲气以为和。"（第42章）是在道的作用下整个宇宙开始了轰轰烈烈的演变。道是宇宙的母体，而后有天，有地，有人，有万物。天，地和人是道的三个显物。"道"体现在自然界中，就是"天道"，也就是自然规律。所以老子说："人法地，地法天，天法道，道法自然。"这个"道法自然"就是老子宇宙观的基础。

老子哲学的辩证法和相对论：老子的哲学是辩证的。老子的哲学是自然主义的哲学。他的哲学最根本的观念就是天道观念。他的宇宙论是形而上的宇宙论。老子的哲学破除了神造之说。任继愈先生在《老子绎读》前言中说："老子哲学使人从宗教、神学中初步摆脱出来，这在当时是了不起的贡献"。老子哲学中又充满了辩证法。他认为一切事物都有它的对立面，而一切事物都在向其相反的方向转化。阅读《老子》，应理解老子的辩证思想。比如老子讲"无为"，从来不是讲"不为""不作为"。而是讲要顺应自然，顺势而为，而不要强行妄为，随意折腾。老子的"柔弱"，也并非软弱无力，而是坚韧顽强，攻无不克，战无不胜。水是至柔之物，而柔能克刚。水能居下、不争。只为利民而争，而不为一己之私而争。老子讲"虚静"，也不是死水一潭，而是静中有动，以静制动，保持心灵的平静。这样人心才不浮躁，社会才能安定。一部《老子》，写出了辩证的至境。

老子哲学的方法论和认识论：老子的"反者道之动。弱者道之用"，涵盖了唯物辩证法、相对论等等，是哲学深层次认识和解释世界的根本思维方法，要早于西方哲学发展的历史。掌握一个好的宇宙观、方法论，我们的视野将更加宽广，更能了解世界的本质。

老子认识世界的方法是静观和玄览。这种认识方法与道教的修炼和佛教的禅悟有相通之处，也是一种隐者的方法。他在博览群书、深刻了解历史、分析当时社会状况和预测未来后，又回归大自然中，继续思悟和求索。他的"为学日益，为道日损。损之又损，以至于无为"（第48章）和"不出户，知天下；不窥牖，见天道"（第47章）就是对他学习和认识世界方法的一个很有力的说明。

老子的政治观：老子的政治哲学是"以正治国，以奇用兵，以无事取天下"。他把治国看作为头等大事。他主张"以道治国""以德治国""无为而治"。历代统治者对于老子的治国理念有很多的论述。而中国历史上不少繁华盛世也都体现了老子的治国理念。

老子的理想社会是"小国寡民"。这是一幅颇具田园风光的美好蓝图，是一种富有诗意的宁静生活的写照。社会安定和谐，百姓安居乐业，天下太平。是对那种自由而富足的社会的向往！在春秋战国时期，"国"的概念就是城镇居民区，而"天下"才代表国家。所以"小国寡民"并不是要让人们回到原始社会，而是主张基层单位要小。从现代社会管理的角度来看，我们不妨把"小国"理解成一个自然划分的地区，比如，一个城镇、一处乡村、甚至是一个社区。如果每一个地方都能自给自足、平安和谐，那人们的生活一定是非常幸福美好的。

老子主张"治大国如烹小鲜",是说治理大国也要像烹炸小鱼一样,不能老去翻动,不然鱼就会破碎。即是告诫治理国家的人,务必要以清静无事为原则,少搅扰百姓。为政者必须有无为、无事的观念,不要扰民,要让人民自由,安居乐业。《老子》一书中充分体现了他的爱民思想。"无为自化,清净自正"也充分体现了老子的治国智慧。

老子的战争观:老子是一位和平主义者。他反对战争,但不拒绝战争。老子所处的时代,战争频仍,他深深感受到战争给人民生活带来的痛苦和生命财产造成的巨大损失。但他并不一味地反对战争,而是强调战争的性质必须是正义的,保家卫国的。他主张"不以兵强天下",不得已而为之时要"恬淡为上"(第30章、31章)。他心中最大的心愿,就是恬淡,就是和平!他主张尽量避免战争。他的军事思想是"预防为主"和"以奇用兵"。他力主防微杜渐,居安思危。他的"其安易持,其未兆易谋;其脆易破,其微易散。为之于未有,治之于未乱"表明了这一点。在战争中则应以弱胜强,以柔克刚,强调刚柔转化,以柔弱胜刚强。不战而胜。

在战略上,老子认为能够避免战争的人才是真正的英雄。最高明的统帅要善于控制自己的野心和欲望,不战而胜是最大的胜利!在战术上,他主张用智慧和计谋,以弱胜强,在瞬息万变的战场上,用最大的可能,最有利于自己的方式去赢取战争的胜利。他的"以奇用兵"体现了他的军事才能。所以毛主席有评论说"《老子》是一部兵书"。

老子的人生观：老子说："我有三宝，持而保之。一曰慈，二曰俭，三曰不敢为天下先。"（第67章）老子的慈，就是柔慈、量力而行；俭，就是简约、去贪去欲；而不敢为天下先，则是指应该顺时而动，顺潮流而动，先人后己，助人在先。这也是养护生命的方法。老子提倡积极的治世，提倡仁义，而并非一些学者所说的消极避世或出世。老子讲宇宙创生、蓄养万物、忘我奉献，都是积极进取的心态的体现。老子是道德经的创作者，也是第一践行者，是道德高尚的楷模，是古代真正的圣贤！

老子的智慧：老子的智慧是东方智慧的集中体现，是一种深沉的智慧。这反映在他认识和对待他观察、分析事物的方方面面，体现在整个一部《老子》之中。老子从博览群书，研究古代历史和分析当时社会生活实践中认识了道，并引导人们进入高度的抽象思维境界，去认识天道及万物发展变化的道理，显示出他的智慧。他的"自然无为""无为而无不为""物极必反""柔弱胜刚强"等等观点也都充分体现了老子的智慧。

老子的智慧还体现在《老子》书中的语言艺术表现上。由于全书内容丰富而文字洗练，被后人称作是一部哲理诗。

源于《老子》一书的成语竟有七十多个。这些成语，流传千古，人们耳熟能详。（详见附录）

老子的美学思想：老子讲大音希声，大象无形。在天地的缤纷中，只有融入自然，物我两忘，才能真正感受自然之美、才有可能表达出自然之美。他认为，美不在形式的复杂变换，而在于创作者能否将自己的感悟神形俱佳地表达出来，在于观赏者能否体会到无穷想象的意境。这也是中国古代美学中一个独具特色的理论。只有那些将自己的身心寄情于山水之中，忘却了功名利禄，乘物以游心，畅怀于天地之间，我心即是天地，才能感受到大美的无形与永恒，成为美学的大师和中国国粹的代表。老子的继承者庄子是道家美学思想的集大成者，中国历史上著名的音乐家嵇康、田园诗人陶渊明、书圣王羲之、诗仙李白、文学家苏轼、八大山人朱耷等也都是充分体现了道家美学思想的艺术大师。

老子的养生观：老子主张少思寡欲，清静无为，不自益其生、保养精气。以静制动，心静自然凉。我曾经读过一些用修炼养生来解释《老子》的注释本。有的作者认为《老子》八十一章的每一个章节都是讲的修身养性，都是在讲练气运气的修炼，读起来也觉得很有深意。所以从这一角度来说，《老子》也是一部修身养性的书。

（四）老子思想的贡献

老子对后世的影响极其深远，难以详述。与他同一时代而稍晚的孔子曾向他请教周礼。据史料记载，孔子曾三次见到老子。公元前524年，27岁的孔子在洛邑王宫祭祀殿内见到了比他年长的老子。这两位中国历史上享有盛名的思想家的会面，双方都留下了深刻的印象。孔子称赞老子像龙一样高深莫测。而老子眼中的孔子也如同一只智慧的凤凰。孔子从问道老子的思悟中获益匪浅。庄子称老子是"古之博大真人"。以"黄老之学"而言，老子甚至与黄帝齐名。鲁迅先生曾经说过"中国根柢全在道教"，他还说："不读《道德经》就不懂中国文化。"老子对中华文化及人类的贡献是独到的，是多方面的，是巨大而深远的。作为一位伟大的哲学家、思想家、政治家和文学家，他在许多方面创造了第一。这里再简单地梳理一下。

——老子是第一个提出"道"这个概念的人。

——老子是最早在他的书中提出"天道观"，把"道"作为最高的哲学范畴进行阐述、提高到中国哲学史重要地位的哲学家。

——老子认为"天"是无为的。他的"道法自然"动摇了当时人们对天神上帝的崇拜，使人类开始从宗教和神学中逐渐摆脱出来。老子的智慧，不是致力于创造或者寻找一种如上帝这样的人格神，或像耶稣、圣母玛利亚、释迦牟尼这样的神格人，而是致力于探索世界的本质、起源与归宿，也就是大道。这是他了不起的贡献。

——老子思想对先秦诸子百家的影响，有专家认为：中国流传下来的哲学流派号称百家，其实只有两家，一个是儒家，一个是道家。从儒、墨、法家、阴阳家、兵家等许多代表人物的作品和观点中多多少少都能看出道家思想的影子，或源自道家，或深受道家思想的影响。

——老子是最早意识到"道"的多重性的。哲学中有唯物论和唯心论两大对立的派别。而老子认为"道"是兼具物质性和精神性的，它既是"物"，也是"心"。他在第21章中讲"道之为物，惟恍惟惚。惚兮恍兮，其中有象；恍兮惚兮，其中有物。窈兮冥兮，其中有精。其精甚真，其中有信。"有力地说明了他的这种观点。这无疑是当时人类认识的先驱了。

——哲学中的"无"的概念，也是第一个由老子提出的，把"没有"这种现象上升到"无"的概念，是人类认识的飞跃。这是中国哲学史上的第一座里程碑。任继愈先生讲：老子发现并提出了"无"是一大贡献，功不可没。

——老子还是最先开始树立起中国哲学的全局观点的人。在《老子绎读》中任继愈先生说："哲学不同于其他科学，哲学不负责解决一个一个的局部具体问题。中国哲学的全局观点是从老子开始的，后来不断发展丰富，才有今天的哲学。"

——老子也是第一个认识到"人"的人。宇宙浩瀚无比。人在宇宙中好比微尘，微不足道。但是人有头脑，有思想，有情怀。人类可以思考宇宙，探索宇宙，逐步认识宇宙。难道不伟大吗？所以他说："故道大、天大、地大、王亦大。域中有四大，而王居其一焉。"（第25章）这里的天即是宇宙，王即是人的代表。

——老子在中国思想史上第一个提出了长生不死的重要观念，提出了"深根固蒂，长生久视"的理想。为追求这一理想，道教宣扬炼丹术，引发古代化学、物理学等自然科学，从而激发了古代科学。英国研究中国科技史的李约瑟博士曾指出："道家思想一开始就有长生不死的概念，而这在其他国家是没有这方面的先例的。"他高度评价了这种长生思想。他说："道家又能将自己的理论付之实行。所以东方的化学、矿物学、植物学、动物学和药物学都渊源于道家。中国如果没有道家，就像大树没有根一样。"（《中国的科学与文化》）。

——老子还是一位大医学家和养生家。他的养生思想对中国古代医学、养生学、遗传学都有着深刻的指导作用，渗透于传统医学养生的各个领域。他主张"少思寡欲"，这也是治疗现代社会人们心身疾病的一剂良药。我国医学、养生的不少基本原理，都打上老子思想的烙印。老子思想对《黄帝内经》这部古代医典的影响亦十分深厚。传统医学中的哲学理论，可以说是对老子思想的继承与发展。老子主张阴阳调和。他说"万物负阴而抱阳，冲气以为和"。自然界阴阳调和，则万物发育生长，阴阳不和，则万物枯槁。人体阴阳平衡则生机旺盛，精力充沛，失和则难免生病。他教导养生者须防止暴饮暴食，切戒忧悲伤气。主张以预防为主。大医治未病。老子所创立的健身方法和医疗方法一直流传至今。饮水思源，老子对中国古代医学的贡献，不可低估。

——在思维方式上，老子是直觉思维的首创者。他建立了宇宙本体论，倡导直觉思维。主张"塞其兑，闭其门"。不带任何条条框框，摒弃一切逻辑推理，使自己的思想绝对清虚寂静，去洞察"道"的真谛。这是一种无知之知的"大智"。他敢于提倡玄虚之论，激发人的奇思幻想。道家对于中国古代科学发展的贡献远远大于儒家。现代科学发展趋势表明，有远见的科学家，对直觉思维特别青睐，普遍肯定它对创造性思维往往起着催化剂作用。这种直觉，就是人们常说的顿悟或灵感。是只可意会难以言传的一种突如其来的心理体验。在中国思想史上，对直觉思维认识最早，论述最充分，态度最坚定的，首推老子。

当今世界，保护生态环境已成为各国共同的话题。《老子》中所蕴含的生命关怀，尊重自然的意识，也受到绿色环保组织的重视。可见《老子》一书已经越来越深刻影响到东西方人们的思想和生活。人们从书中各取所需，找到了各自的精神养料和灵感源泉。

历史的经验值得总结和借鉴。中华传统文化中最重要的两部经典《老子》和《论语》影响了中国两千多年。历史上出现的几个盛世，如汉初的"文景之治"、唐代的"贞观之治""开元之治"无不与老子"尊道贵德""无为而治"的治国理政思想有关。"依法治国"，进而"以德治国""以道治国"，是使社会安定，生产力发展，经济腾飞，国力强盛，世界和平与和谐的法宝。老子思想博大精深，涉及方方面面，老子思想对中华传统思想文化的发展，有极其深刻的影响和独到的伟大的贡献。

综上所述，也可以说，《老子》就是一部教导人们认识真善美的书，认识宇宙大自然的真善美、人生和社会的真善美。真正做到修身齐家治国平天下。他教导人们如何做人，如何理政，如何用兵，并要求理论联系实际。"道"这个字本身，就是需要用头脑去思考，用双足去践行的真理。

老子著书立说的目的，就是希望缓和人类社会的各种冲突，创造一个和谐的社会、和谐的世界！他希望减少人们的私欲、占有欲，减少人民生命财产的损失，避免战争和无谓的牺牲。他为世界各国提供了一种和平共处的解决方案。《老子》一书体现了伟大的人道主义思想和悲天悯人的高尚情怀。他认为人类的创造是人类共同的成果，不能据为己有。他看到了人类文明带来的一些缺陷，却并没有消极出世的思想，而是鼓励人们积极奉献，他的忧国忧民之心和对社会民生的关注充满全书。这是大智大德，堪称万代道德楷模。

为什么现在需要重读《老子》，这是因为现实社会中特别需要老子的教育、老子的帮助。需要提升整个社会的道德水平。现在，中国的经济在腾飞，在国际上的影响力越来越大。但不少人的思想素质、道德质量却跟不上时代的发展。特别是党的十八大之前，社会上道德滑坡现象严重，乱象丛生，各种不和谐的现象比比皆是。社会上各种诱惑太多。有的社会风气非常低俗：出风头，抢镜头，争亮点。一些媒体也在宣传误导。有些人一旦得到自我表现的机会就激动不已，泪流满面。稍有成绩就自我膨胀，忘乎所以。更有甚者，一切向钱看，唯利是图；不少人追名逐利、争功抢权、贪污腐化、灯红酒绿、声色犬马；暴力、吸毒，青少年犯罪等都有所增加。一些政府组织、甚至军队中都暴露出了严重的腐败问题。凡此种种，无不与道德缺失、名利至上有关，与老子所提倡的清静无为、少思寡欲等相去甚远，甚至背道而驰。十八大以来，党中央大力反腐倡廉，治党治军，社会风气有了明显的好转。这也是以德治国所取得的成效。如果全社会都能做到尊道贵德，人人以助人为乐，各级政府全心全意为人民服务，那我们理想中的和谐社会还会远吗！

当今国际上也有很多地方动荡不安、战云密布；世界真是到了亟待拨乱反正的时候。而解决这一切的最正确、最有效的措施就是弘扬大道，用我们老祖宗留下来的宝贵的精神遗产武装我们的头脑，这样才能实现中华民族的伟大复兴、才能实现世界的和平安宁！

学习《老子》，就能感受和认识到人世间、自然界和社会上的真、善、美。在《一带一路国际合作高峰论坛》文艺晚会上，世界各国儿童齐声高唱的"天得和以清，地得和以宁，神得和以灵，谷得和以盈"，就是引用的老子的话。这个"和"就是老子所说的"一"，也就是"道"！

三、大道无垠

老子不仅是中国最伟大的哲学家、东方哲学的代表，也是西方人最尊崇的哲学家之一，甚至被学界定义为"世界哲学之父"。老子学说在世界影响极为深远。德国哲学家黑格尔称："老子是东方古代世界的精神代表者。"一代文豪托尔斯泰对老子十分推崇。他对《老子》很有研究，曾亲自编选出版了《中国贤人老子语录》，并在书中发表了他的《论老子学说的真髓》一文。书的封面选用了老子骑牛图。他说："做人应该像老子所说的如水一般。"《老子》一书备受世人推崇，被认为是对于人类社会思想发展产生影响最重大的著作之一。

《老子》在世界各地都有很大的影响，在东亚和东南亚地区的影响更为深远。在国外传播的历史也很悠久。早在隋朝，《老子》一书就传入了日本。在唐朝，传到了朝鲜半岛。唐太宗时，高僧玄奘与道士成玄英就将《老子》译成梵文，传到印度等国。韩国有十多种《老子》译本。16世纪西方传教士来到中国后，《老子》开始传入西方，比利时传教士卫方济的拉丁文本是较早的译本。进入19世纪后，法文、英文、德文译本先后问世。1842年儒莲在巴黎出版了法文本。1870年维克多·施特劳斯将《老子》译成了德文。1884年伦敦出版了巴尔福的《道书》，这是较早的英文译本。1898年美国芝加哥出版的保罗·卡鲁斯的译本是一个质量较好的英译本。20世纪以来，西方世界出现的《老子》译本越来越多，其中有一批颇具影响。如：1915年卫礼贤的德译本、1934年亚瑟·韦利的英译本《道及其力量》，1963年陈荣捷的英译本《老子之道》。外语教学与研究出版社曾于1998年7月出版了《道德经》的英汉对照本，用的就是韦利的译本。近几年，外研社又出版了吴千之先生英译的《老子如是说》。马王堆《老子》帛书本出土以后，引起了海内外的极大关注，之后相继出现了一批新的英译本。据西方学者统计，从1816年至今，各种西文版的《老子》层出不穷，仅英文版本就有250余种。《老子》已成为全人类共同的精神财富。据不完全统计，迄今为止，《老子》的外文译本有500种左右，涉及数十个语种。《老子》是翻译成外文版本和语种较多的中国典籍之一。随着我国考古学对历代《老子》版本的新发现，国际上也掀起一轮又一轮的"老子热""大道热"。

2007年4月宗教文化出版社出版的《道德经》一书，将不同语种的《老子》版本汇集在一起，其中包括英文、法文、德文、俄文、西班牙文、意大利文、阿拉伯文、世界语等12种文字的全文；还有捷克、罗马尼亚、匈牙利、丹麦、克罗地亚、波兰、冰岛及印地文等9种文字的部分章节。在该社同期出版的《大道流行——道德经版本（文物）展图录》中还登载了200多幅各种外文版本的《老子》封面图片，其中除上述语种外，还包括葡萄牙文、挪威文、泰文、北日耳曼文、坦米尔文等。另外还有越南语、希腊语、希伯来语等《老子》书目的记载。

美国麦格劳—希尔公司出版的《世界伟大文献汇集》收集了全世界30本具有代表性的历史文献，其中就有《老子》。

21世纪以来，人们对《老子》的研究更加广泛。美国著名学者蒲克明教授断言："《道德经》是未来大同世界家喻户晓的一本书。"他们认为老子推崇像水一样的弹性，这种适应变化的能力对于当前的时代具有更大的现实意义。在国内，近年来以老子的思想治国、治军、经商、管理的图书也大量涌现，这也反映出《老子》的魅力和顽强的生命力。

《大中华文库》是一项国家重点出版项目。继1999年9月湖南人民出版社出版了《大中华文库》系列《老子》汉英对照版之后，外研社又于2009年8月和2010年6月先后两批出版了汉俄、汉法、汉西、汉阿、汉德对照版的《老子》。我在退休前后的几年中，受出版社委派参与了这五种语言的《老子》的翻译组织、编辑出版工作。这是一个很好的学习和研究的机会。这五种语言对照版的中文原文，我建议采用了2003年商务印书馆出版的陈鼓应教授的《老子今注今译》。因为这是陈先生多年潜心研究《老子》的最新成果。其中包括他对郭店简本《老子》摘抄本和对马王堆帛书《老子》的研究成果。在书中我增加了《郭店竹简〈老子〉甲乙丙三组释文》的附录，为了方便现代的读者，还将释文中的繁体字改成了简体。

2013年10月，新世界出版社出版了《老子集》（中国古典数字工程丛书）。其中，除收录了钱锺书先生所定以王弼注《老子道德经》为底本、魏源的《老子本义》为副本的《老子集卷一》（道德经上）、《老子集卷二》（道德经下）外，还新辑老子语文15970字，及其他许多老子遗句，全书共计52840字，已达传统五千言的十倍。这对于研究老子的思想和贡献，具有重大的意义。

2014年10月15日习近平主席在主持召开"文艺工作座谈会"并发表重要讲话时说："我们要通过文艺作品传递真善美，传递向上向善的价值观，引导人们增强道德判断力和道德荣誉感，向往和追求讲道德、尊道德、守道德的生活。只要中华民族一代接着一代追求真善美的道德境界，我们的民族就永远健康向上、永远充满希望。"我们每个人的心中都有梦想，实现中国梦，实现远大的理想，要靠我们一步一步踏踏实实的行动。还是老子的那句话："千里之行，始于足下。"

雷　航

2014 年 8 月初稿

2017 年 8 月定稿

附录

源自《老子》的成语

老子不仅是伟大的思想家、哲学家，而且是伟大的文学家，是世界文化名人。《老子》一书，不仅内容博大精深，语言也十分凝练，在他短短五千言的书中，就给后世留下了70余条成语。现摘录如下。

1.紫气东来

传说老子过函谷关前，关令尹喜见有紫气从东而来，知道将有圣人过关，果然见老子骑青牛而来。比喻吉祥的征兆。（引自刘向《列仙传》）

2.玄之又玄

形容非常奥妙，不易理解。
第一章："玄之又玄，众妙之门。"

3.有无相生

有和无是可以相互转化的。也指矛盾双方的对立与转化，阴阳相生的关系。

第二章："有无相生，难易相成，长短相形，高下相倾，音声相和，前后相随。"

4.无为而治

道家主张的"无为之治"不是无所作为，而是"无为而无不为"，即顺应自然，不求有所作为的治理方法。

第二章："是以圣人处无为之事，行不言之教。"

5.为而不恃

有成就而不自居有功。

第二章："生而不有，为而不恃，功成而弗居。"

6.功成不居

任其自然存在，不去占为己有。后形容立了功而不把功劳归于自己。

第二章："生而不有，为而不恃，功成而弗居。"

7.和光同尘

指不露锋芒、与世无争的平和处世方法。

第四章："挫其锐，解其纷，和其光，同其尘。"

8.天地不仁

天地无私，在天地看来，万物都是一样的，没有什么区别。

第五章："天地不仁，以万物为刍狗。"

9.天长地久

形容时间悠久，跟天地存在的时间一样长久。也形容永远不变。

第七章："天长地久。天地所以能长且久者，以其不自生，故能长生。"

10.上善若水

高尚的人就像水的品性一样，泽被万物而不争名利。

第八章："上善若水。水善利万物而不争，处众人之所恶，故几于道。"

11.金玉满堂

金银财宝满堂，形容财富极多。

第九章："金玉满堂，莫之能守。"

12.功成身退

大功告成之后，自行隐退，不再做官。

第九章："功遂身退，天之道。"

13.目迷五色

形容颜色既多又杂，因而看不清。比喻事物错综复杂，不易分辨清楚。

第十二章："五色令人目盲，五音令人耳聋，五味令人口爽。"

14.宠辱若惊/受宠若惊

形容计较得失，患得患失，无论受到宠爱或受到侮辱都像受到惊恐。/因为得到宠爱或赏识而又高兴，又不安。

第十三章："宠辱若惊，贵大患若身。"

15.视而不见

指不注意、不重视，睁着眼却没看见。

第十四章："视而不见名曰夷。"

16.听而不闻

听到了跟没听到一样。形容漠不关心，不在意。

第十四章："听之不闻名曰希。"

17.涣然冰释

像冰遇热消融一般。形容疑虑、误会、隔阂等完全消除。

第十五章："涣兮若冰将释。"

18.虚怀若谷

胸怀像山谷一样深广。形容十分谦虚，能容纳别人的意见。

第十五章："敦兮其若朴；旷兮其若谷，混兮其若浊。"

19.六亲不和

父子、兄弟、夫妇之间关系不好。

第十八章："六亲不和，有孝慈。"

20.绝圣弃智

弃绝聪明才智，返归天真纯朴。指消除头脑中的权威概念，不迷信任何人的观点，抛弃自作聪明、自以为是的主观性见解。

第十九章："绝圣弃智，民利百倍。"

21. 绝仁弃义

指放弃世俗倡导的仁义，回复到人的本性。体现了老子无为而治的思想。

第十九章："绝仁弃义，民复孝慈。"

22. 少私寡欲

减少私欲之意。

第十九章："故令有所属，见素抱朴，少私寡欲。"

23. 相去几何

彼此没有多大差别。指二者距离不远，或差距不大。

第二十章："唯之与阿，相去几何？"

24. 如春登台

就像春天登高览胜。比喻生活在幸福的太平世界里。

第二十章："众人熙熙，如享太牢，如春登台。"

25. 唯道是从

只遵从准则，坚持心中的道义。

第二十一章："孔德之容，唯道是从。"

26.委曲求全

为顾全大局而暂时忍让。

第二十二章："曲则全，枉则直，洼则盈，敝则新，少则多，多则惑。"

27.自伐无功

喜欢自我夸耀的人建立不起功勋。

第二十二章："不自伐，故有功；不自矜，故长。"

第二十四章："自伐者无功，自矜者不长。"

28.飘风骤雨

指来势凶猛的大风雨。比喻声势浩大，发展急速而猛烈。

第二十三章："故飘风不终朝，骤雨不终日。"

29.企者不立

踮起脚跟想站得更高一些，反而站不稳。

第二十四章："企者不立，跨者不行。"

30.余食赘行

吃剩的食物，身上的赘疣。比喻多余的或遭人讨厌的东西。

第二十四章："其在道也，曰：余食赘行。"

31.天大地大

形容极大。

第二十五章："故道大、天大、地大、王亦大。"

32.道法自然

指大道以其自身为原则，自由不受约束。道本自然。

第二十五章："人法地，地法天，天法道，道法自然。"

33.大制不割

完善的制度是不会伤害老百姓的。

第二十八章："故大制不割。"

34.知白守黑

意思是虽然明白是非黑白，还当保持暗昧，如无所见。

第二十八章："知其白，守其黑，为天下式。"

35.去甚去泰

指做事应该适可而止，不可过分。

第二十九章："是以圣人去甚、去奢、去泰。"

36.天道好还

指上天可主持公道，善恶终有报应。

第三十章："以道佐人主者，不以兵强天下，其事好还。"

37.物壮则老

一切事物有盛极必衰的自然规律。

第三十章："物壮则老，是谓不道，不道早已。"

38.佳兵不祥

意为好用兵是不吉利的，即好战非祥事。

第三十一章："夫佳兵者，不祥之器，物或恶之，故有道者不处。"

39.知止不殆

指懂得适可而止就不会遇到危险。

第三十二章："夫亦将知止，知止可以不殆。"

40.自知之明

指了解自己的情况，能正确认识自己的长处与短处。

第三十三章："知人者智，自知者明。"

41.淡而无味

指菜肴清淡无味。亦形容说话、写文章内容平淡，无趣味。

第三十五章："淡乎其无味。"

42.将夺固与/欲取姑予

要想得到，必先给予。/要想夺取什么，暂且先给与。指先付出代价以诱使对方放松警惕，然后找机会夺取。

第三十六章："将欲夺之，必固予之。"

43.无中生有

原指天下万物皆生于无。现多用来形容凭空捏造，把毫无事实根据本来没有的事硬说成有。

第四十章："天下万物生于有，有生于无。"

44.若存若亡

有时记在心里，有时则忘掉。用以形容若有若无，难以捉摸。

第四十一章："上士闻道，勤而行之；中士闻道，若存若亡；下士闻道，大笑之。"

45.大器晚成

越是有大才能的人通常成功越晚。

第四十一章："大方无隅；大器晚成；大音希声；大象无形，道隐无名。"

46.大音希声

指最大最美的声音乃无声之音。

第四十一章："大方无隅；大器晚成；大音希声；大象无形，道隐无名。"

47.大象无形

指最宏大的景象没有一定之形。

第四十一章："大方无隅；大器晚成；大音希声；大象无形，道隐无名。"

48.不言之教

不用言语的教化。指以身作则。

第四十三章："不言之教，无为之益，天下希及之。"

49.知足不辱

懂得满足就不会受到羞辱。即不要有贪心。

第四十四章："知足不辱，知止不殆，可以长久。"

50.知止不殆

知道适可而止的人就不会遇到危险。劝人行事不要过分。

第四十四章："知足不辱，知止不殆，可以长久。"

51.大巧若拙

指真正灵巧的人有时看起来很简单甚至笨拙。另有成语"大智若愚"亦从此演变而来。

第四十五章："大直若屈，大巧若拙，大辩若讷。"

52.大辩若讷

指真正善辩的人有时却显得很木讷。

第四十五章："大直若屈，大巧若拙，大辩若讷。"

53.戎马生郊

指牝马生驹于战地的郊野。

意谓国家政治不上轨道，连怀胎的母马也用来作战。后以"戎马生郊"指战乱不断。

第四十六章："天下无道，戎马生于郊。"

永远的老子

158

54. 知足常乐

知道满足就总是快乐。

第四十六章："故，知足之足，恒足矣。"

55. 出生入死

原意是从出生到死去。后形容冒着生命危险。

第五十章："出生入死。生之徒十有三；死之徒十有三。人之生，动之死地，亦十有三。"

56. 尊道贵德

应该尊崇道和德。

第五十一章："道生之，德蓄之，物形之，势成之。是以万物莫不尊道而贵德。"

57. 祸福相依

比喻坏事可以引出好的结果，好事也可以引出坏的结果。

第五十八章："祸兮福之所倚，福兮祸之所伏。"

58. 深根固柢／根深蒂固

比喻基础稳固，根基深厚不可动摇。

第五十九章："是谓深根固柢，长生久视之道。"

59.长生久视

久视：不老，耳目不衰。形容长寿。

第五十九章："是谓深根固柢，长生久视之道。"

60.以德报怨

用道德公正的眼光看待与别人的仇恨。

第六十三章："大小多少，报怨以德。"

61.轻诺寡信

轻易做出承诺的，一定很少守信用。

第六十三章："夫轻诺必寡信，多易必多难。"

62.千里之行，始于足下

走一千里路，也是从迈第一步开始的。比喻事情都是从头做起，逐步进行的。

第六十四章："合抱之木生于毫末；九层之台起于垒土；千里之行始于足下。"

63.慎终如始

谨慎收尾，如同开始时一样。指做事从头至尾始终都要谨慎。

第六十四章："慎终如始，则无败事。"

64.敢为天下先

指敢于做先行者，开天下万物之先河。是《老子》原文的反用。

第六十七章："我有三宝，持而保之。一曰慈，二曰俭，三曰不敢为天下先。"

65.俭故能广

指平素俭省，所以能够富裕。又解为行事简单方可广博，俭，同"简"。

第六十七章："慈，故能勇；俭，故能广；不敢为天下先，故能成器长。"

66.寸进尺退

得到的少而失去的多，即得不偿失。

第六十九章："吾不敢为主而为客，不敢进寸而退尺。"

67.哀兵必胜

受压迫而悲愤地奋起反抗的军队一定胜利。

第六十九章："故抗兵相加，哀者胜矣。"

68.被褐怀玉

身穿粗布衣服而怀揣美玉。比喻虽是贫寒出身，但有真才实学。

第七十章："知我者希，则我者贵，是以圣人被褐怀玉。"

69.天网恢恢，疏而不漏

意思是天道公平，作恶就要受惩罚，它看起来似乎很不周密，但最终不会放过任何一个坏人。比喻作恶的人终究逃脱不了天道国法的惩处。

第七十三章："天网恢恢，疏而不失。"

70.民不畏死，奈何以死惧之

老百姓连死都不怕，又怎么能用死去威胁他呢？

第七十四章："民不畏死，奈何以死惧之？"

71.正言若反

正道之言说出来往往像说反话一样。

第七十八章："正言若反。"

72.小国寡民

国家小，人口少。

第八十章："小国寡民。使有什伯之器而不用，使民重死而不远徙。"

73.鸡犬相闻

鸡鸣狗吠的声音都能听到，指居住得很近。

第八十章："邻国相望，鸡犬之声相闻，民至老死不相往来。"

74.老死不相往来

到老死，互相没有来往。原形容自给自足、小国寡民的社会图景。现在多形容彼此不了解，不互通音讯。

第八十章："邻国相望，鸡犬之声相闻，民至老死不相往来。"

75.信言不美，美言不信

真实的话不漂亮，漂亮的话不真实。

第八十一章："信言不美，美言不信。"

76.善者不辩，辩者不善

善良的人不狡辩，狡辩的人不善良。

第八十一章："善者不辩，辩者不善。"

77. 为而不争

为天下奉献而不要名不争利。

第八十一章："圣人之道，为而不争。"

主要参考文献

1.《老子绎读》 任继愈著 国家图书馆出版社2015年4月

2.《老子的帮助》（最新修订本） 王蒙著 贵州人民出版社2013年2月

3.《老子今注今译》 陈鼓应注译 商务印书馆2007年4月

4.《老子注译及评介》 陈鼓应注译 中华书局1984年

5.《道德经》《道德经》编委会编 宗教文化出版社2007年4月

6.《大道流行》——道德经版本（文物）展图录 《大道流行》编委会编 宗教文化出版社2007年4月

7.《大中华文库》《老子》汉俄对照 外语教学与研究出版社2009年9月

8.《大中华文库》《老子》汉英对照 湖南人民出版社1999年9月

9.《中华传统文化百部经典·老子》 袁行霈主编 王中江解读 国家图书馆出版社2017年9月

10.《道家的人文精神》 陈鼓应著 中华书局2012年11月

11.《老子集》 中国古典数字工程丛书 栾贵明主编 新世界出版社2013年10月

12.《北宋〈老子〉注研究》——儒释道博士论文丛书 尹志华著 巴蜀书社2004年11月

13.《道德经释义》 任法融注 三秦出版社1988年

14.《道德经》中英文对照 辜正坤译 中国对外翻译出版公司2007年1月

15.《道德经》［英］亚瑟·韦利译 外语教学与研究出版社1993年3月

16.《老子如是说:〈道德经〉新注新译》 吴千之著 外语教学与研究出版社2013年8月

17.《老子译注》 冯达甫译注 上海古籍出版社1991年5月

18.《图解道德经故事——文白老子五千言》 张元编 内蒙古人民出版社1992年3月

19.《老子隐迹》 王红旗著 中国对外翻译出版公司1993年11月

20.《分类重编——老子八十一章》 艾畦编著 天津社

会科学出版社1993年7月

21.《老子注释》 复旦大学哲学系《老子注释》组注 上海人民出版社1977年

22.《道德经》 陈忠译评 吉林文史出版社1999年3月

23.《老子新解》（上、下册） 杨润根著 中国文学出版社1994年4月

24.《老子与企业管理》 杨先举著 中国人民大学出版社1994年3月

25.《老子智慧书》 常桦编著 石油工业出版社2007年10月

26.《南怀瑾选集》 南怀瑾著 复旦大学出版社2003年7月

后 记

窗外，已是一片春意盎然。雪白的玉兰衬着粉红的桃花，昭示着即使在疫情中，明媚的春天也如约到来了。

作为一名炎黄子孙，在这段让人忧国忧民的时间里，我密切关注着国内外的疫情动态。作为一名基层党务工作者，除了完成好每日的工作任务，尽自己所能为防控疫情做出一份自己的贡献外，我又再一次习惯性地捧读起《老子》，面对特殊时期的思考，有了一些新的更深切的感悟。

《老子》一书，大气磅礴，包罗万象。可这部巨著却并非是在一派和平的景象、在一个平静的状态下完成的。老子所处的春秋时代，是一个战争频仍的时代。他目睹了战争给国家带来的巨大灾难，给人民带来的严重生命和财产损失，百姓流离失所，田园荒芜，他感同身受。老子以他悲天悯人的情怀、大道在胸的坦荡、睿智深邃的思考，在对和平的向往中完成了这部万古留传的经典巨著。

在这次疫情期间重读《老子》，重温老子关于"贵以身为天下，若可寄天下；爱以身为天下，若可托天下""天地相合，以降甘露""祸莫大于轻敌""慎终如始，则无败事""天下难事，必作于易；天下大事，必作于细"等一系列教诲，进一步感受到了大道的真理，体会到了大国担当，体会到了作为人类命运共同体的成员应该肩负的使命！

借此机会，我要诚挚表达对鼓励本书出版的老师和亲友们的感激！对赠予大作以支持我写作研究的陈鼓应先生和尹志华博士表示衷心的感谢！向支持本书出版并给予具体帮助的国图社廖生训总监、于春媚编辑谨致谢忱！希望本书得到广大读者的关注与喜爱！

雷　航

2020 年 3 月 28 日

于北京新起点顺航书屋